NEGÓCIOS PARA CRIATIVOS

CARO LEITOR.

Queremos saber sua opinião sobre nossos livros.
Após a leitura, curta-nos no facebook.com/editoragentebr,
siga-nos no Twitter @EditoraGente e
no Instagram @editoragente
e visite-nos no site www.editoragente.com.br.
Cadastre-se e contribua com sugestões, críticas ou elogios.

KIKO LOUREIRO

NEGÓCIOS PARA CRIATIVOS

Quando a arte encontra no empreendedorismo
o seu maior aliado, inevitavelmente a plateia
não será mais o seu lugar

Diretora
Rosely Boschini

Gerente Editorial
Carolina Rocha

Editora
Franciane Batagin Ribeiro

Assistentes Editoriais
Giulia Molina
Bernardo Machado

Produção Gráfica
Fábio Esteves

Preparação
Amanda Oliveira

Capa
Rafael Nicolaevsky

Projeto Gráfico e Diagramação
Vanessa Lima

Revisão
Juliana Rodrigues | Algo Novo Editorial
e Carolina Forin

Impressão
Edições Loyola

Copyright © 2021 by Kiko Loureiro
Todos os direitos desta edição
são reservados à Editora Gente.
Rua Original, 141/143 – Sumarezinho
São Paulo, SP– CEP 05435-050
Telefone: (11) 3670-2500
Site: www.editoragente.com.br
E-mail: gente@editoragente.com.br

Dados Internacionais de Catálogo na Publicação (CIP)
Angélica Ilacqua CRB-8/7057

Loureiro, Kiko
    Negócios para criativos : quando a arte encontra no empreendedorismo seu maior aliado, inevitavelmente a plateia não será mais o seu lugar / Kiko Loureiro. – São Paulo : Editora Gente, 2021.
    224 p.

ISBN 978-65-5544-113-0

1. Sucesso nos negócios 2. Empreendedorismo 3. Música – Indústria I. Título

21-1304   CDD 650.1

Índice para catálogo sistemático:
1. Sucesso nos negócios

Nota da publisher

Quem nunca escutou que ser artista não é profissão, que viver de arte é sinônimo de estagnação ou que para ter uma carreira bem-sucedida no meio artístico é quase impossível? Seja você um autor, músico, ilustrador, chefe de cozinha, dançarino, ou outro profissional criativo, tenho certeza de que a batalha para conseguir achar o seu lugar no topo é difícil e que um dos maiores obstáculos para o sucesso não está na falta de vontade, mas sim na falta de reconhecimento e conhecimento empreendedor. A boa notícia, caro leitor, é que é possível sim viver fazendo o que você mais ama, tornar as suas ideias mais malucas em atividades rentáveis e, mais do que isso, transformar seu hobby em um negócio de sucesso. Mas... como fazer isso?

Lendo esse livro, é claro! Em **Negócios para criativos**, Kiko Loureiro, guitarrista e músico renomado mundialmente, nos ensina passos práticos e nos mostra ferramentas essenciais para construir uma carreira criativa de sucesso! Além disso, o autor deixa bem claro que não existe profissional excluído quando o assunto é negócios – os criativos podem sim entender finanças e gestão de carreira, basta estudar seu público, planejar, executar, persistir e, acima de tudo, fazer muita arte.

Venha com a gente nessa jornada pelo mundo empreendedor dos criativos e, tenho certeza, ao fim do livro você entenderá que quando o assunto é paixão e fazer o que gostamos, a plateia não é nosso lugar.

Rosely Boschini
CEO e publisher da Editora Gente

AGRADECIMENTOS

Agradeço à minha família, que sempre está do meu lado em todas as empreitadas e desafios. A todos os parceiros que ao longo da minha trajetória contribuíram para que eu estivesse aqui hoje. E aos meus fãs, me sinto realizado por poder compartilhar os meus projetos com vocês.

SUMÁRIO

- **10** PREFÁCIO de Rick Bonadio
- **14** INTRODUÇÃO
- **20** APRESENTAÇÃO: seja um desigual

PARTE I – OS SONHOS

- **26** **CAPÍTULO 1** - O valor das descobertas
- **33** O que te torna único
- **40** Aprenda a lidar com as adversidades
- **46** O poder das referências
- **53** O enfrentamento dos medos

- **60** **CAPÍTULO 2** - Percepção aguçada
- **64** Resiliência e adaptação como estratégia
- **73** Visão além do óbvio
- **79** Quem você quer ser em primeiro plano?
- **83** Princípios e valores

PARTE II – A CONSTRUÇÃO

- **90** **CAPÍTULO 3** - Quem são os "criativos"
- **97** Construção de imagem e carreira
- **100** As definições de objetivos foram atualizadas
- **105** Metas e convicções
- **112** O talento como combustível para inovação

- **116** **CAPÍTULO 4** - Autenticidade e autoconhecimento
- **121** Investimento × retorno
- **124** Coerência e atitudes
- **126** O legado de quem é real
- **128** Mais do que criativo, seja um solucionador

PARTE III – A LIBERDADE

136 **CAPÍTULO 5** - O seu propósito a seu favor

142 Seu projeto como negócio

150 Liberdade financeira e criativa

155 O mundo precisa da sua arte

162 **CAPÍTULO 6** - O universo digital e suas infinitas possibilidades

168 Paridade e diferenciação

171 A arte e sua intangibilidade

172 Qual valor você agrega?

174 Não existem atalhos

PARTE IV – EU, EMPRESA

182 **CAPÍTULO 7** - Como transformar instabilidade em estabilidade?

187 Pense como uma empresa

192 Faça da sazonalidade uma aliada

196 Prospecção contínua

199 Entenda a parte chata e lide com ela

203 O conhecimento e a visão macro do mercado

208 **CAPÍTULO 8** - Faça parte do seu ecossistema

211 Canalize sua energia para o que realmente importa

212 Transforme ideias em ações

214 A realização de quem faz

217 Viva o seu sonho – o palco é seu

223 **BÔNUS**

PREFÁCIO

DE RICK BONADIO

Minha história com o Kiko Loureiro começou, pois o conheci como um guitarrista virtuoso e cheio de estilo. Muitas pessoas do meio musical já o conheciam e admiravam, entretanto, após entrar em contato com ele, com a sua história e com a maneira que ele faz negócios, passei a admirá-lo também por sua postura séria e coerente em relação ao business e ao *networking* que envolvem a nossa profissão.

Quando me convidou para prefaciar este livro, fiquei surpreso e ao mesmo tempo feliz por poder fazer parte dessa trajetória que inspira e orgulha tantas pessoas no meio musical e fora dele. Ser artístico e criativo foi visto, por muitos anos, como algo que não é rentável, que não gera grandes frutos no futuro de quem possui o dom.

Contudo, em **Negócios para criativos**, Kiko Loureiro desmistifica essa crença e mostra que isso não é mais regra para quem está do lado de cá: precisamos utilizar a criatividade como virtude para gerarmos conexões, para nos desenvolvermos e, à vista disso, gerarmos negócios que façam sentido e nos levem aonde gostaríamos de chegar. Essa é a equação, e você aprenderá melhor sobre ela neste livro.

Aqui, você encontrará de maneira prática e clara tudo o que precisa saber e fazer se quiser obter resultados utilizando a sua criatividade como força-motriz para proporcionar negócios inteligentes, de sucesso e até mesmo rentáveis. De todas as maneiras possíveis e imagináveis de trazer essa metodologia, ele nos mostra por meio de suas experiências e observações, contando sobre sua jornada, sobre o que deu certo para ele e, consequentemente, poderá dar certo para você também.

Muito além da teoria, Kiko traz a sua trajetória de maneira inspiradora e objetiva, apresentando conceitos como a importância do valor das descobertas, a necessidade de enfrentarmos nossos medos e receios, a construção da criatividade, a diferença entre autenticidade e autoconhecimento, a descoberta de propósito, o universo digital e as suas – mil – possibilidades, a criação de um negócio propriamente dito e como transformar ideias em ações. Ele fala, ainda, sobre como é relevante, no mundo atual, sermos, mais do que criativos, solucionadores. Esse atributo o levará à jornada de sucesso.

Tudo isso e muito mais você encontrará no livro que está em suas mãos. Com muito conhecimento de mercado nacional e internacional, você tem em posse uma obra de valor inestimável para todos aqueles que desejam trabalhar com a criatividade e obter sucesso em carreiras dentro e fora da música. O primeiro passo para essa jornada está a poucas páginas de distância de você. Agora é hora de começarmos!

Vamos nessa!

RICK BONADIO
Produtor musical, músico e compositor

PRECISAMOS UTILIZAR A CRIATIVIDADE COMO VIRTUDE PARA GERARMOS CONEXÕES. PARA NOS DESENVOLVERMOS E. À VISTA DISSO. GERARMOS NEGÓCIOS QUE FAÇAM SENTIDO E NOS LEVEM AONDE GOSTARÍAMOS DE CHEGAR.

INTRODUÇÃO

O QUE VOCÊ DEIXOU DE SER QUANDO SE TORNOU ADULTO?

Nem sempre os sonhos são estimulados. Às vezes, por um motivo ou outro, algumas pessoas passam a acreditar que "aquilo" não é para elas, que não são boas o suficiente, que não têm sorte ou que um caminho teoricamente mais seguro é a melhor opção. Mas já vou logo dizer que a arte é para todos; ela acolhe e permite que qualquer um, sem distinção, torne os seus sonhos em uma realidade palpável. Como? É o que pretendo mostrar nas próximas páginas. Se você acredita no que pode fazer e no que tem para mostrar ao mundo, este livro está nas mãos certas. Investir em você é o primeiro passo rumo ao protagonismo da sua vida.

Já imaginou viver em um mundo sem arte? Sem filmes, músicas, fotografias, pinturas, livros, trilhas sonoras. Seria um mundo sem beleza e, provavelmente, até mais triste. Mas saber disso, infelizmente, não torna esses itens mais valorizados. Pode parecer controverso em um primeiro momento, e eu vou explicar: apenas quando é possível tangibilizar a arte, torna-se viável viver dela.

E como fazer isso? Na prática, traduzindo a sua essência artística, sua visão romântica e idealizada, sua autenticidade atrelada à criatividade – tudo isso que não se vive sem, mas que nem sempre é reconhecido – para a mesma língua do mundo atual. Um idioma que valoriza planilhas, métricas de resultados, lucro e percentuais de crescimento constante.

Contudo, é preciso atentar-se para encontrar o equilíbrio entre essas duas esferas para que a emoção não se perca, mas esteja atrelada ao business, tornando qualquer arte, habilidade ou dom em algo tangível e valorizado. Por exemplo, sua música é boa, mas você sabe quantas pessoas vão te ouvir em uma apresentação de barzinho? Com essa métrica, é possível negociar com o dono do local, afirmando que, em dias de show, ele recebe, em média, cem pessoas a mais na casa, consumindo, pelo menos, o valor X. Assim, podem acordar pagamento para a banda com base nesses dados. Trata-se de transformar o sonho em algo realmente concreto sem perder sua essência. Ou seja, traduzir o seu valor para a moeda importante para o outro. O lado lúdico é essencial, mas explicar seu mérito de forma clara para quem não é da área artística talvez seja o maior desafio.

Existe um consenso de que arte e realização financeira quase nunca se encontram em uma única carreira. Ser criativo e ter predileções diferentes das esperadas pela sociedade são condutas que vão de encontro ao preconceito de que pessoas bem-sucedidas, profissionais e respeitadas são as que decidem, de forma consciente, se afastar do mundo artístico. Afinal, decisões assim são boas para os outros, mas não para você ou até para seu filho, que, em vez de artista, poderia ser médico ou advogado. Porém, você já parou para pensar até que ponto todas essas teorias realmente têm fundamento? Será mesmo impossível viver da arte e ser reconhecido por seu dom, sonho e propósito de vida?

Partindo da noção básica de que o sucesso é uma medida relativa e individual, é um erro enorme tentar enquadrar todas as pessoas em conceitos criados para valorizar o dinheiro em detrimento da realização. Perceba que a maioria das pessoas se acostuma com a insatisfação pessoal na busca por soluções práticas para sua vida, desenvolvendo negócios e investindo em carreiras que podem lhe dar algum tipo de reconhecimento, mas esquecendo-se do principal: resgatar seus talentos e investir neles pode ser, sim, sua maior ou principal fonte de renda.

Em um mundo cada vez mais conectado, em que as possibilidades de acesso e alcance da informação beiram o infinito, este é o melhor momento para conceber e desenvolver novas ideias que, se bem estruturadas e estratégicas, podem, sim, gerar visibilidade, representatividade e, consequentemente, retorno financeiro. Esta é a hora de tirar aquela ideia do papel e transformar seu "sonho maluco" em realidade, dar o primeiro passo em direção ao protagonismo da própria vida. É a hora de encontrar o equilíbrio entre o sonho e uma visão empreendedora, o que permitirá o desenvolvimento de um verdadeiro negócio a partir das suas maiores habilidades.

É justamente tentando encontrar a intersecção entres as aptidões artísticas e uma carreira profissional, entretanto, que a maioria das pessoas se perde. Por um lado, suas expectativas e inseguranças – sem saber se seus talentos são suficientes para sustentar um projeto próspero – e, por outro, a realidade, que demanda urgência na decisão. Assim como apresenta infinitas possibilidades, o mercado é também implacável e, de fato, destacam-se aqueles que conseguem mostrar ao mundo seu valor de forma coerente, fundamentada e, principalmente, no timing correto.

Você já se deu conta, por exemplo, de que nem sempre os melhores são os que se tornam referência em determinada área? E saberia dizer o motivo disso continuar a acontecer? Em minha visão, isso ocorre porque, diferentemente dos que usam apenas a paixão como bússola, os que fazem sucesso são aqueles capazes de desenvolver uma visão ampla do negócio e das oportunidades que o mercado oferece. Nenhuma carreira sólida é construída da noite para o dia e sem trabalho árduo. Toda jornada é regida por muita dedicação, prática, estudo e uma vontade enorme de resistir, de reinventar, de levantar a cada tombo e prosseguir com foco e coragem.

É claro que nem todo hobby precisa ou deve se tornar uma profissão. Existe uma enorme diferença entre fazer algo de que goste e profissionalizar essa atividade. É preciso ponderar todas as forças e fraquezas do trabalho em questão para descobrir se ele deve continuar apenas como uma atividade para as horas vagas ou se transformar em carreira. Assim, chegamos na principal questão: como transformar minha arte em profissão?

Como o próprio nome sugere, é necessário se profissionalizar, ou seja, buscar métodos e práticas que vão prepará-lo para enfrentar todos os desafios mercadológicos, para que possa ser mais assertivo e, principalmente, para que consiga tornar a sua arte tangível. Nunca se esqueça: os preparativos e ensaios são tão importantes quanto a apresentação.

Uma vez consciente do seu potencial, de suas singularidades e de seus propósitos, você não se deixará influenciar por ninguém no que diz respeito às decisões do que fazer ou de qual caminho seguir.

Não existe fórmula mágica. As pessoas que se destacam, em qualquer área, são aquelas que entendem a necessidade de nortear suas trajetórias a partir de estratégias que fundamentam todas as suas ações. Não é sorte ou acaso, mas consistência, clareza e obstinação. A pergunta que você precisa responder neste momento é: qual é o nível da sua motivação?

O mundo precisa de arte e talvez, quem sabe, da **sua** arte. E foi justamente para isso que esta obra foi criada, para mostrar que, se você tem uma paixão genuína e proposta de valor, não deve postergar ou colocar de lado o seu projeto. Foque e se comprometa. Absolutamente nada acontece sem que seja dado o primeiro passo, e você já deu, já que está com este livro em mãos. Vou auxiliá-lo nessa jornada de descobertas e realizações.

Meu maior objetivo aqui, portanto, é mostrar que é possível ser empreendedor no meio criativo com um negócio que transforme sua arte em algo rentável e disponível a todos. Os maiores legados são aqueles que inspiram, que nos fazem refletir e que nos mostram que a vontade tem de ser maior do que o medo, que a iniciativa tem de se sobrepor à acomodação. Por mais que o sucesso seja um conceito particular e intransferível, não é difícil constatar que pessoas que investem em si mesmas e se expõem são, sem sombra de dúvidas, mais realizadas.

A decisão de subir no palco da vida e comandar o show cabe a você. Uma coisa é certa: quando a arte encontra no empreendedorismo o maior aliado, inevitavelmente a plateia não será mais o bastante para você.

Boa leitura!

KIKO LOUREIRO

NÃO É SORTE OU ACASO. MAS CONSISTÊNCIA. CLAREZA E OBSTINAÇÃO. A PERGUNTA QUE VOCÊ PRECISA RESPONDER NESTE MOMENTO É: QUAL É O NÍVEL DA SUA MOTIVAÇÃO?

APRESENTAÇÃO

SEJA UM DESIGUAL

Nem sempre as pessoas que estão perto de você e fazem parte da sua vida vão entender suas escolhas. Principalmente, se você faz parte da seleta turma de "loucos" com "ideias malucas" e que vez ou outra é taxada como desigual por não se encaixar em um grupo do qual, teoricamente, deveria fazer parte.

A verdade é que o mundo já está muito cheio de cópias para que você seja mais uma. Sinceramente? Torço para que você realmente seja um desigual, daqueles que deixam marca por onde passam, que são reconhecidos, que ditam as próprias regras e constroem as próprias pontes. Mas isso não significa que, ao optar pela autenticidade de valorizar a própria essência e produção artística, seu caminho será mais fácil ou o reconhecimento chegará naturalmente, no seu tempo.

E se eu contar que um pintor brilhante, cheio de ideias e talento, que deu nome a um grande movimento artístico por causa de suas obras, viveu à beira da miséria praticamente toda a vida? Infelizmente, essa não é uma história de ficção, mas vou utilizá-la para ilustrar outra que, por mais difícil e trágica que possa parecer em um primeiro momento, deve ser vista também como uma jornada de autoconhecimento, de aperfeiçoamento e, por fim, de reconhecimento mais que merecido daqueles que não desistem.

NEGÓCIOS PARA CRIATIVOS

Se fosse nosso contemporâneo, certamente Oscar-Claude Monet[1] seria considerado uma desigual! O pintor francês nasceu em 1840, filho de um modesto comerciante. Sua tia, fascinada por pintura, logo percebeu que o menino tinha talento e passou a incentivá-lo (ponto para a tia!). Por volta dos 15 anos, ele ficou conhecido na cidade por fazer e vender caricaturas. Olha que interessante: desde esse início, Monet já se interessava pela luz e pela cor, o que o estimulou a praticar a pintura ao ar livre e se tornar um pintor paisagista. Isso era pouco comum naquele tempo, mas duvido que ele tenha se importado com o que os outros pintores estavam fazendo ou com o que seria o esperado de um artista da época. Ele era autêntico demais para não escutar sua intuição, seguir seus instintos, sua essência. Afirmo isso por tudo que já li sobre o artista mas, mesmo que seja apenas impressão, vai ao encontro da força da sua criação, que pode ser admirada por todos nós até hoje.

Suas pinturas, hoje vendidas por milhões de dólares, já foram de pouco interesse para os amantes da arte e para o público em geral. Monet parecia tão convicto de seu trabalho que mesmo o fato da sua família viver à beira da pobreza não o impediu de continuar. É claro que não é difícil imaginar que ele tenha pensado em desistir e seguir outros caminhos mais promissores na época. Ele, inclusive, se inscreveu no serviço militar, o que o obrigou, anos depois, a fugir da Guerra Franco-Prussiana e refugiar-se com a família em Londres. Em diferentes passagens da vida, precisou contar com o apoio e asilo dos amigos. Apesar de tudo, persistiu.

Imagine como sua família deve ter reagido a tudo isso. Arrisco dizer que é pouco provável que o tenham incentivado. Em meio aos altos e baixos, erros e acertos de sua vida e obra, Monet e um grupo de pintores que partilhavam técnicas e temas organizaram uma exposição no estúdio do fotógrafo parisiense Félix Nadar, após serem rejeitados pelo Salão Oficial francês em 1974. A tela que apresentou, *Impressão, Nascer do Sol,*[2] foi

---

1   FRAZÃO, D. Claude Monet, pintor francês. **eBiografia**, 21 jan. 2021. Disponível em: https://www.ebiografia.com/claude_monet/. Acesso em: 15 mar. 2021.

2   MONET, Claude. **Impression, soleil levant**. 1872. Pintura, óleo sobre tela, 48 × 63. Museé Marmottan Monet, Paris. Disponível em: https://www.marmottan.fr/notice/4014/. Acesso em: 15 mar. 2021.

duramente criticada por retratar "impressões" de uma cena, e não a realidade. Ironia do destino ou não, o termo que, naquele momento, foi usado de forma pejorativa batizou um dos mais importantes movimentos históricos da pintura e do qual Monet é considerado precursor, o impressionismo.

Você se lembra da essência da sua arte, daquilo que te faz ser você e não te deixa desistir mesmo quando tudo parece estar na contramão da realização? Viver da sua arte, do que te faz arrepiar, é um privilégio pelo qual nem todos estão dispostos a pagar o preço. No lugar de Monet, o que você teria feito? Renunciado seu dom ou, como ele, suportado enfrentar tudo e todos em favor do que acreditava ser sua marca no mundo? Infelizmente para os artistas, os desafios pouco mudaram nesse um século e meio que se passou. A coragem e a disposição continuam sendo necessárias para aqueles que acreditam em si mesmos e em seus trabalhos. Portanto, sua resposta à pergunta "o que você teria feito no lugar de Monet?" é necessária até hoje.

Apenas aos 39 anos Monet realizou a primeira exposição e alcançou relativo sucesso, com suas pinturas finalmente encontrando compradores. Como artista e criador que também sou, posso garantir que tudo pelo que ele precisou passar, no fim, valeu a pena.

PARTE I

Os sonhos

CAPÍTULO 1

O VALOR DAS DESCOBERTAS

Quanto vale uma obra de arte? Como você já deve ter notado, é evidente a complicada relação da sociedade com os bens tangíveis e intangíveis, sendo que o que não é mensurável corre o risco de não ser compreendido e respeitado em sua totalidade. Em diferentes momentos desta obra, vou tornar esses conceitos mais próximos para mostrar como estão presentes e fundamentam as relações atuais de uma forma geral.

Um trabalho mais concreto, palpável, é o que dá o sentido de tangível e é o que faz com que o intangível, em contrapartida, pareça incerto e arriscado justamente pela dificuldade em mensurá-lo. A questão é que, enquanto artista, você não sabe em qual lado dessa divisão seu trabalho se encaixa ou, ainda, se conseguirá alcançar tudo que deseja, sem limites, sem amarras, sem julgamentos – conquistando reconhecimento e valorização. São essas dúvidas que geram boa parte dos medos naqueles que cogitam adotar a criação como profissão. Mesmo quando convictos do caminho, questionam se vão se destacar, se farão sucesso, se sentirão realização em todos os sentidos.

Para entender melhor o significado de tangível e intangível, trago um exemplo. Um hotel oferece, já na entrada, uma experiência totalmente diferenciada, com obras de artistas renomados na recepção, os uniformes dos atendentes criados por um estilista, iluminação e música ambiente que tornam o local ainda mais convidativo e agradável e móveis criados por um designer. Tudo isso que acabei de descrever é tangível, mas promove uma sensação e uma experiência que são intangíveis, e o hóspede está disposto a pagar por elas. É justamente o que é intangível que possibilita ao hotel cobrar N vezes mais pela diária. O mesmo acontece em um restaurante. A qualidade da apresentação do prato, o chef que o assina e o ambiente agradável geram valor para aquele trabalho. São todos aspectos intangíveis que contribuem para elevar o valor do aspecto tangível, a comida em si.

Sendo assim, quem foi que disse que ganhar bem e alcançar o sucesso não estão vinculados à criatividade? Desde muito cedo, aprendemos a criatividade como um hobby, uma atividade extra, e não como um atributo de vencedores. Profissões voltadas ao mundo artístico são desvalorizadas e, quando se pensa em trabalhos que trarão grande retorno monetário, segurança e estabilidade, a tendência é excluir qualquer profissão artística ou criativa. Mas será realmente impossível colocar a área criativa na categoria de profissão segura e estável? A criatividade e o trabalho artístico são constantemente desvalorizados, e talvez isso ocorra justamente pela dificuldade de mensurar esses elementos.

Optei por designar "criativos" todos os profissionais que desenvolvem atividades relacionadas à arte em geral, relacionadas à economia criativa. Por mais que, em alguns momentos, utilize exemplos de situações que já vivi na música em função da minha trajetória, o objetivo é falar para todos os criativos, não apenas os que desejam construir uma carreira musical. Além disso, nunca é demais lembrar que, em toda e qualquer profissão, a criatividade deveria ser estimulada, afinal, quanto mais a exercitamos, independentemente da área de atuação, mais desenvolvemos a capacidade de criar soluções para qualquer tipo de problema. A criatividade nada mais é do que uma forma de desatar nós, resolver problemas, desenvolver soluções, pensar "fora da caixa", agregar valor e até mesmo inspirar.

Assim, uma obra artística deve ser avaliada e valorizada a partir de aspectos relevantes para tal, que não são os mesmos de outras atividades tradicionais e mais fáceis de serem colocadas em escalas tipicamente produtivas e quantitativas amplamente utilizadas no mercado. Por esse motivo, o artista, o criativo, deve estar atento ao valor que agrega toda vez que sua obra é vinculada a outro produto ou serviço. Atentar-se a isso é o primeiro passo para ter sua profissão reconhecida, estável e segura.

Para além da mensuração, existe a dificuldade constante de se apresentar, construir uma identidade própria, uma marca, em um mercado que parece já estar saturado de pessoas posicionadas – será mesmo? Pensando nisso, muitos questionam: *existe espaço para mais um?* Ou ainda: *será que vale a pena investir no mercado dos meus sonhos ou é melhor seguir por outro caminho, com menos risco, e me contentar com qualquer outro ofício?* Parece impossível fazer algo diferente do que já tem sido feito, não é? Como criar algo novo diante de tantas coisas já feitas? Calma, já vou logo dizendo que é absolutamente normal ter todas essas dúvidas, afinal, escolher o que fazer da sua vida é uma decisão e tanto e requer muita reflexão e cautela. E, se você está com este livro em mãos, é sinal de que já deu o primeiro passo para aprender como transformar sua arte em profissão.

Para começar, a partir de agora, é preciso enxergar as coisas de uma nova forma. Vou apresentar um novo prisma para que você absorva o máximo de informações possíveis e possa colocá-las em prática, mas, antes de qualquer coisa, é preciso abrir mão dos próprios traumas e preconceitos, travas comuns da voz das trevas e do medo que paralisa.

TRAVA Nº 1: Negatividade. Chega de pensar que não vai dar certo.

TRAVA Nº 2: Inveja. Nada de continuar pensando que para o outro é mais fácil por sorte, influência, contatos, dinheiro da família e assim por diante.

TRAVA Nº 3: Insegurança. Não se deixe dominar pelo medo que paralisa. Pare de pensar que não merece, aceitando a voz das pessoas a sua volta e não ouvindo a sua. Achar que é incapaz e que não tem talento é uma das piores travas.

Vamos voltar um passo para entender o porquê de a arte em geral ser desvalorizada e de o próprio artista, por vezes, sofrer preconceitos. O problema começa logo cedo, quando nossos pais nos contam certas histórias no momento em que estamos formando nossa compreensão do mundo. Quem não conhece a fábula da formiga e da cigarra? Enquanto as formigas estão trabalhando, planejando-se para a estiagem e o frio do inverno, a cigarra está ali, marota, tranquila, sem se preocupar e tocando seu violão. O inverno chega, as formigas consequentemente têm abrigo e comida, e a cigarra, como era de se esperar, fica de fora, passa frio e fome, com seu violão já craquelado pelo clima. Perceba que a relação entre o trabalho artístico e a vida sem regras e/ou irresponsável é quase automática em uma sociedade que valoriza o trabalho operacional e conservador.

Outro exemplo para ilustrar essa associação é a história dos três porquinhos. Dois deles tocavam violino e flauta e montavam suas casinhas de palha e de madeira, até o lobo mau chegar e, num sopro, colocar tudo para o alto, fazendo-os correr para a casa do terceiro porquinho, este sim "sério e trabalhador", que não dançava e muito menos tocava, o único que trabalhou duro colocando tijolo por tijolo na sua casa forte e robusta. A relação do trabalho de produção de bens materiais reforça muito as atitudes de desvalorização do lado artístico, tendo em vista que este último, mesmo em sua materialidade, apresenta um valor intangível. Uma casa construída é tangível, é material e tem seu valor facilmente avaliado, enquanto o valor de uma peça artística, que é resultado da soma de sua materialidade e de seu valor intangível, nem sempre é evidente.

Mais exemplos do nosso dia a dia: levar a vida "na flauta" é sinônimo de vadiagem; "fazer arte" é uma atitude infantil condenável. Já parou para pensar em como essas crenças, colocadas na nossa cabeça ao longo dos anos, se manifestam negativamente quando temos de escolher, de fato, uma profissão?

Durante o processo de aprendizado, o estímulo à criatividade é essencial, pois terá grande impacto no desenvolvimento intelectual das crianças, aprimorando sua inteligência crítica e o desenvolvimento da capacidade de solucionar problemas.[3] É comum, entretanto, que a sociedade forneça o estímulo durante a infância e a juventude apenas como um hobby. Nessa época, valoriza-se o aprendizado de um instrumento, dança, desenho ou até mesmo gastronomia, mas, no momento em que a criança decide adotar uma dessas atividades como profissão, pais, familiares, amigos e vizinhos passam a criticar e censurar.

E se a criança da aula de balé resolve ser dançarina profissional? E se, após receber nota 10 em redação, decide ser poeta para o resto da vida? E se a dedicação ao violão a influencia a ser guitarrista de heavy metal? Como a sociedade e os adultos tutores e responsáveis por esses jovens reagem?

Ah, infelizmente, é nesse momento que as coisas mudam. Todas as dúvidas, os medos e as inseguranças, a memória emotiva das músicas, dos contos e das parábolas infantis vêm à tona. "Vai passar fome! Vai viver de quê? Você está louco? É melhor escolher algo mais seguro!" E todas essas ideias preconcebidas, somadas aos próprios questionamentos internos, tornam-se, a longo prazo, o maior desafio que qualquer artista irá enfrentar. E o primeiro passo para viver do seu sonho é a desconstrução dessas crenças.

Às vezes, vemos um artista famoso em algum show com palco gigante e público cantando todas as músicas, um *rock star* ovacionado que tem um estilo de vida de ostentação etc., e associamos isso a algo distante e inalcançável. Em contrapartida, frequentamos restaurantes ou festas com músicos que parecem não receber qualquer atenção. É possível, sim, chegar ao palco grande, mas a profissão vai muito além dele e existem inúmeros caminhos que podem ser seguidos. Quando você acredita, coloca seus planos em ação, se estrutura emocional e financeiramente e perde o medo de que, no fim, vai tocar para meia dúzia de pessoas desinteressadas ou que reclamam que a música está muito alta.

---

3   IMPORTÂNCIA da criatividade durante a infância. **Neurologista Infantil**, 27 jun. 2019. Disponível em: https://neurologistainfantil.com/importancia-da-criatividade-durante-a-infancia/. Acesso em: 15 mar. 2021.

Vou contar como aconteceu comigo, pois acredito que não existe nada mais poderoso do que resultados concretos para exemplificar e ratificar o que está sendo dito. Absolutamente tudo que está nestas páginas eu vivenciei e apliquei ao longo da minha trajetória, a começar pelo dilema desenhado até aqui. No meu caso, ser ou não músico? Ainda novo, eu descobri minha paixão, mas seria uma profissão ou apenas um hobby, uma paixão adolescente? O que eu realmente escolheria como profissão?

Meu pai era bioquímico, e eu gostava dessa área, me considerava um cara de biológicas e me dava muito bem em Química, Física e Biologia. Por esses fatores, pensei em seguir uma trajetória profissional nesse campo, seria até natural seguir os caminhos do meu pai. E você deve estar se perguntando: *o que isso tinha a ver com a música?* Espera-se das pessoas com habilidades musicais que se relacionem melhor com as ciências humanas. De novo, lembra do processo de desconstrução? Quando se trata do humano e de suas predileções, nenhuma regra pode ser aplicada; lembre-se disso, será fundamental para criar a própria identidade. Suas escolhas e ações dizem quem você é, não os estereótipos predefinidos com os quais tentam te rotular.

Comecei a tocar aos 11 anos, influenciado por uma prima que tocava e com um violão emprestado por uma tia. Não venho de uma família de músicos e, com esse instrumento, fui executando os primeiros acordes, aos poucos me habituando e me familiarizando com aquele que viria a ser meu melhor amigo.

Minha irmã, um ano mais velha que eu, começou a aprender a tocar violão primeiro, e minha mãe, certo dia, me perguntou se eu gostaria de fazer aulas também, dividindo o tempo com ela. Sou canhoto, mas aprendi a tocar como destro para poder usar o mesmo violão que ela, o que foi ideal, porque os instrumentos geralmente são fabricados para destros. De certa forma, esse foi mais um entrave que precisei superar. O nosso cérebro funciona com um dos lados dominando, e era como se eu estivesse indo contra o meu próprio corpo. Mas essa foi, sem dúvida, a melhor decisão, porque não se encontram instrumentos totalmente adaptados para canhotos com facilidade e, se eu tivesse me prendido a isso, teria limitado muito o meu desenvolvimento enquanto músico. Minha irmã logo desistiu, e eu continuei por dois anos nas aulas com o meu primeiro professor.

Por volta dos 13 ou 14 anos, comecei a ouvir rock. No Colégio Rio Branco em que eu estudava, havia uma discoteca onde, ouvindo vinil e lendo revistas musicais, descobri algumas bandas. Era um mundo novo, que logo chamou minha atenção, me identifiquei com o som, com as bandas, com o estilo, com tudo o que ouvia e lia sobre aquele universo, e não apenas com a música, mas com o modo de se vestir e toda uma identidade ligada a essa cultura. Eu me lembro de o diretor da escola dizer, certa vez, com seu largo bigode à la Barão do Rio Branco, que "apesar do cabelo grande, eu era um bom menino".

Eu começava a desenvolver meus gostos, minha identidade. Mesmo assim, ainda não pensava na música como profissão.

O QUE TE TORNA ÚNICO

Minhas primeiras influências musicais vieram dos meus pais e seus gostos. Meu pai tinha uma postura um pouco mais distante e reservada, ouvia música erudita e, de certa forma, me mostrou novos estilos, a diversidade de instrumentos e as outras facetas da música. Impossível não me lembrar da voz séria e sisuda do radialista anunciando o número do opus da rádio de música erudita no carro, contrariando a vontade dos filhos de ouvir as *hit parade*. Já minha mãe gostava mais da Bossa Nova e dos festivais de música que aconteciam muito no Brasil nos anos 1960. Cada um, ao seu modo, me influenciou muito com seus vinis, e eu, curioso e interessado, ouvia um pouco de tudo.

Ainda menino, eu não tinha a menor noção de como poderia utilizar o que aprendia, mas não demorei a entender que tudo isso tinha valor e seria aproveitado. Incluí, de algum modo, essa diversidade de referências nas minhas composições e nas bandas em que toquei e toco até hoje.

Quando o Kiss veio ao Brasil em 1983, eu tinha 11 anos e fiquei impressionado com todo o material disponível sobre o show. As fotos e as notícias chegavam em pedaços pela mídia, mostrando um espetáculo com o que tinha de mais avançado para os palcos. As roupas, as maquiagens, o som que faziam, tudo era marca registrada do grupo. Eu e meus primos ficamos alucinados com a vinda dessa banda para o país, um dos primeiros grandes eventos de rock que aconteceram por aqui e, sem dúvida, o momento que me despertou para esse estilo musical como profissão.

No Rock in Rio de 1985, que teve várias outras bandas que eu também estava descobrindo – Iron Maiden, Queen, Whitesnake, Scorpions, AC/DC, Ozzy Osbourne –, eu acompanhava tudo por algumas poucas revistas, impressionado com esse universo que ainda parecia muito distante para mim. O evento enorme, com alguns dias de duração e um público na marca de 200 mil pessoas. As bandas, os músicos, aquela veneração pelos caras, pelo som, por tudo aquilo que eles representavam era fascinante para mim. Foi um momento fantástico, que me influenciou muito a seguir uma carreira musical e me aprofundar ainda mais no rock.

Até que, um dia, minha mãe chegou chorando em casa. E me recordo perfeitamente o motivo: seu filho dava sinais de que viraria um metaleiro – logo, na cabeça dela, ia para o mal caminho. Eu devia ter uns 13 anos, queria mudar para uma nova escola e, para isso, precisava passar por uma prova de conhecimentos gerais e escrever uma redação. Meus referenciais, naquele momento, eram as revistas de rock. Lembro que tinha acabado de ler algo sobre algum festival europeu de heavy metal e o descrevi na redação. Não apenas não entrei na escola, como chamaram minha mãe para conversar. Segundo a coordenação pedagógica, eu havia descrito "um inferno", e recomendaram que ela me levasse a um psicólogo.

Minha mãe, antes de qualquer coisa, conversou comigo e entendeu que descrevi o que li na revista, e não uma criação da minha cabeça. Ela entendeu que, naquele momento, eu já era um apaixonado pela música e pelo universo do rock, então comprou minha primeira guitarra e me matriculou na escola de música do bairro.

Quando o professor tocou guitarra na minha frente pela primeira vez, fiquei louco! Foi um desses momentos da vida que a gente nunca esquece. Minha primeira aula de guitarra naquela salinha minúscula só confirmou como eu estava envolvido com o heavy metal. Naquela noite, me lembro de tentar tocar o *riff* do Led Zeppelin até o vizinho reclamar. Aos 15 anos, já era totalmente metaleiro, usava cabelos longos e camisetas de bandas, frequentava todos os lugares com esse estilo a que eu podia ter acesso na época.

Certa vez, faltei a um recital de violão clássico que o professor organizava anualmente para assistir a um programa de clipes na TV Cultura (naquela época, não tinha internet para acessar depois nem reprises ou muitas oportunidades de ver programas nesse estilo na TV). Desde que li sobre o Monsters of Rock, um festival que acontecia em Castle Donington, na Inglaterra, os festivais de heavy metal se tornaram presentes na minha vida. Foi justamente uma das edições desse evento que descrevi na redação, imaginando que estava lá, sentindo o calor do público, a energia das bandas, o cheiro da grama, pisando na lama. Atualmente, esse evento se chama Download Festival, e um dos meus sonhos se tornou realidade quando, em 2019, toquei lá com o Megadeth, logo antes do Ozzy com o Black Sabbath.

Minha mãe sempre nos apoiou sem questionar (mais tarde, meu irmão caçula, Zeca Loureiro, optou por seguir também a carreira musical). Sua influência não estava restrita aos discos ou histórias sobre os festivais, mas também no seu jeito, sempre metódico, buscando estabelecer e manter uma rotina. Eu trouxe isso para a minha prática da música e, posteriormente, para o palco e para a minha carreira.

Desde os 15 anos, eu era muito estudioso, porque queria tocar como aqueles que admirava. Meu foco de estudo era a guitarra, e eu sabia que não existia outro caminho senão a dedicação. Eu não era o nerd do videogame ou da literatura, mas estudava muito. Nunca quis um videogame justamente por achar que me distrairia do estudo da guitarra.

NEGÓCIOS PARA CRIATIVOS

Havia uma conexão, uma entrega inexplicável; minha motivação para tocar era a paixão pura pela música. Nunca toquei para impressionar as meninas, por exemplo, até porque ninguém sabia direito o que eu tocava no colégio. Tinha um movimento de pessoas que tocava Legião Urbana, Ultraje a Rigor, Titãs, entre outras bandas nacionais, mas eu não me conectava com elas e fui para outro lado de uma forma muito natural porque tinha a ver com a minha essência, e não com uma imagem construída seguindo a moda.

Estudar para ser um bom músico era meu principal objetivo e, aos poucos, percebi que isso era um diferencial de alguma forma. Foquei, de forma consciente, em um aprendizado plural. Eu estudava muito sobre guitarra e sobre música, mas lia os clássicos brasileiros da literatura em paralelo, por exemplo. Mais uma vez por conta da forte influência dos meus pais, que sempre leram muito, tive o direcionamento nessa formação inicial e cultura geral.

Naquela época, não existiam muitas referências de autores ou metodologias voltadas ao desenvolvimento da disciplina ou de como estudar música ou guitarra. Então, sozinho, seguindo o modelo escolar, criei minha própria grade para estudar todos os dias. Para acompanhar minha evolução, criei uma espécie de planilha, entendendo que precisava ser muito honesto comigo para conseguir avançar para outros estágios e criar novas metas.

É importante relembrar o cenário brasileiro durante a década de 1980, com profunda crise ideológica, econômica e financeira. A ditadura militar brasileira, posta desde 1964, já não se sustentava mais. O movimento Diretas Já ganhou força com as propostas iniciais de abertura que foram sinalizadas com as eleições diretas para os governadores dos Estados em 1982. Iniciado em 1983, o movimento propunha eleições diretas para a presidência de 1985. As sucessivas mudanças de moeda, a inflação arrasadora e a instabilidade financeira do país pareciam só piorar o cenário que já não era animador. A situação era tão instável que as aulas de música que eu dava em 1988 e 1989 eram pagas em dólares, cobrar em cruzados (Cz$) ou cruzeiros (Cr$) não era nem um pouco vantajoso. A moeda nacional era muito fraca, e qualquer guitarra que eu quisesse comprar teria de ser paga em dólares mesmo. Nada era importado nessa época, a abertura para produtos estrangeiros começou a acontecer mais tarde, com o Fernando Collor. Costumamos escutar que as coisas são difíceis hoje… Difícil era ter 40% de inflação sem acesso a equipamentos importados. Quem usa as dificuldades como desculpa para não fazer alguma coisa ainda não entendeu que sempre foi e sempre vai ser difícil. Como disse o icônico imperador romano Marco Aurélio, ainda no início do século II, "o obstáculo se torna o caminho".[4]

Em meio a esse contexto instável e com acesso difícil a qualquer tipo de informação, havia a escassez de materiais para estudo, especialmente o de guitarra, e o que me restavam eram as revistinhas de banca e olhe lá. O acesso ao conhecimento era restrito, e eu precisava de muita dedicação para aprender. Comecei também a estudar a harmonia brasileira, o que tinha de mais acessível na época – Bossa Nova, Caetano Veloso, Chico Buarque –; passei muito tempo estudando os acordes. Já as músicas das bandas de rock que eu acompanhava naquela época, tirava do material escasso a que tinha acesso. A revista *Young Guitar* era a única especificamente de rock que eu tinha à minha disposição, e eu precisava ir ao bairro da Liberdade, em São Paulo, para encontrar algum exemplar. Aprendi com muito esforço e dedicação aos estudos.

No geral, todo mundo acha que o mundo do rock é cheio de excessos, muitas drogas, muito álcool, que os exageros das roupas e performances nos palcos extrapolam para o dia a dia. Na minha vivência, drogas e álcool estão presentes na mesma proporção de outros meios profissionais. Acho que isso se deve muito à influência dos meus pais, principalmente ao jeito metódico da minha mãe. Sempre fui muito regrado, muito focado nos estudos, busquei me afastar de qualquer

---

4   ANDRADE, Sabrina. Estoicismo diário #181: o obstáculo é o caminho. **Medium**. Disponível em: https://medium.com/coffee-break-through/estoicismo-di%C3%A1rio-181-o-obst%C3%A1culo-%C3%A9-o-caminho-507e9b16e404. Acesso em: 7 maio 2021.

coisa que pudesse me atrapalhar, especialmente na música. Bebo um pouco e não uso drogas. Acredito que isso ajudou a me manter focado nos objetivos que tinha traçado desde o começo. Sem o foco e os estudos diários, com toda certeza eu não os teria atingido.

A maioria das pessoas não quer arriscar o que já construiu para alcançar algo melhor. Isso pode parecer irônico vindo de um cara que sempre foi muito certinho, mas uma coisa não tem nada a ver com a outra, porque arriscar não é o mesmo que ser inconsequente. É possível, sim, ser certinho e arriscar, e digo mais, quando se é certinho sempre, a possibilidade de a aposta dar certo é maior.

Para descobrir o que te torna único, é preciso encontrar algumas respostas. Você prefere trabalhar oito horas por dia em algo que você não gosta ou trabalhar de 12 a 14 horas em algo pelo qual é apaixonado? "Fazer o que ama" é mais profundo do que parece. Não encontramos uma paixão como se encontrássemos uma pepita de ouro. Isso vem de um processo, de algo que nos instiga a voltar no outro dia, e no outro, e no outro, e no próximo ano, e assim por diante. É assim que os momentos difíceis são superados: cansar dessa paixão, depois voltar com tudo para ela, superar decepções, dúvidas, anos de estudos etc. Uma relação que, com o tempo, se aprofunda e cria raízes: é assim que o amor se desenvolve.

Ainda em 1985, vendo as imagens da TV Globo de *rock stars* estrangeiros no Rock in Rio, tranquilos, esperando a hora do show à beira da piscina do luxuoso hotel Copacabana Palace, eu ainda não tinha a menor noção de toda a dedicação e estruturação necessárias para que pudessem estar ali curtindo. Via nas revistas as mansões, os estúdios suntuosos, as limusines, as roupas e os relógios, os aviões, os ônibus, as turnês gigantescas, e tudo parecia resultado de uma criação artística diferenciada e especial que, de alguma forma, gerava recursos financeiros para isso. O que eu ainda não enxergava é que tudo era um negócio, parte do produto sendo exposto, vendido e consumido por fãs como eu.

Ao ouvir uma música, assistir a um filme ou ler um livro de que gostamos, é difícil imaginar que uma obra significativa como essa pode ter sido feita sob encomenda ou criada apenas para pagar as contas. Muita gente, ao apreciar o trabalho de um autor, não relaciona a obra com o seu fator comercial intrínseco. É como se o "encanto" se partisse ao pensar que uma obra ou artista precisa pensar nessas duas esferas, comercial e cultural. A arte precisa tocar e chegar às pessoas que vão apreciá-la, que vão consumi-la e que vão pagar por ela. Os artistas precisam se sustentar, e as obras precisam, de alguma maneira, promover o retorno justo e necessário do trabalho.

O que você entende se eu disser que a arte deve viver por si só? A obra de arte não pode depender de um fator externo para ser boa, ela tem de se sustentar sozinha, sem o seu criador. Um exemplo clássico é o quadro *Mona Lisa*, de Leonardo da Vinci, uma das maiores obras de arte da história da humanidade, que conferiu status de gênio a seu artista. Da Vinci precisou ficar de pé ao lado do quadro pedindo atenção das pessoas que passavam? Precisou explicar todos os detalhes que fazem da sua arte uma obra-prima? A resposta para ambas as perguntas é não. Isso demonstra que uma boa obra de arte não precisa ser constantemente explicada ou anunciada para que seja reconhecida como tal.

No momento da criação, prender-se a resultados não é o melhor caminho e pode ser prejudicial ao produto final da obra, como veremos adiante. Entretanto, isso não significa que o resultado final não deva apresentar retorno financeiro. Isso representa um grande bloqueio na mente de muitos criativos, que imaginam que não devem submeter um valor ao que produzem. Além do valor, a obra precisa também da sua assinatura, mesmo que ela não esteja ali escrita. Você sabe o que isso quer dizer? O que você faz tem muito de você, e um criativo pode e deve ser reconhecido por isso. Assim, o mais importante antes de começar a criar é entender sobre si mesmo, daí a importância de fazer o que amamos. Por isso eu lhe pergunto: o que te torna único?

APRENDA A LIDAR COM AS ADVERSIDADES

Independentemente do que escolher fazer com a sua vida, sempre existirão desafios, problemas a serem solucionados e inúmeras adversidades a serem superadas. Optar por fazer o que ama só deixa o caminho mais prazeroso, não mais fácil. Eu poderia ter desistido de tocar violão ao me deparar com um instrumento pensado para destros, poderia ter justificado não estudar guitarra por não ter material acessível, poderia ter me deixado levar por todas as "tentações" com que qualquer adolescente se depara quando tem de escolher entre estudar ou sair com os amigos, por exemplo. Mas tudo isso serviu apenas para eu entender que, se quisesse de fato alcançar meu objetivo, deveria adotar uma postura diferente e não colocar os problemas ou dificuldades em foco, e sim criar uma solução para cada um deles.

Você já se deu conta de que, em geral, boa parte das pessoas está insatisfeita e procura soluções inovadoras para os seus problemas, buscando a melhor maneira de alavancar negócios ou projetos de que não gostam e deixando de lado o fato de que poderiam transformar seus gostos e talentos em sua maior ou única fonte de renda? Você saberia responder, sem titubear, qual é o seu maior talento? Se sim, talvez esteja na hora de tomar decisões importantes e começar a viver daquilo que te inspira. Se não, espero que até o fim deste livro você consiga encontrar algumas respostas e, quem sabe, novos caminhos e diferentes oportunidades.

Independentemente da situação em que se encaixa, reflita sobre as seguintes frases e responda honestamente:

O VALOR DAS DESCOBERTAS 41

FRASE	CONCORDO TOTALMENTE	CONCORDO PARCIALMENTE	DISCORDO TOTALMENTE
Tenho meu salário, minha segurança e não quero (ou tenho medo) de abrir mão disso.	◯	◯	◯
Tudo o que está conectado à criatividade não tem valor financeiro.	◯	◯	◯
Estou preso na ideia do "sonho maluco". Tenho a sensação de que o sucesso na carreira do artista empreendedor é um sonho que jamais se tornará realidade.	◯	◯	◯
É tudo uma questão de sorte, e eu não a tenho.	◯	◯	◯
Meu sonho é grande demais.	◯	◯	◯
Não entendo muito bem quando alguém diz que terei de me preparar e estruturar minha carreira para alcançar meus objetivos.	◯	◯	◯
Ficaria satisfeito em manter o mesmo estilo de vida e viver da minha arte.	◯	◯	◯
Em um processo de transição, não estaria disposto a me dedicar tanto ou mais do que quando tentei outra carreira que não era meu sonho.	◯	◯	◯
Acredito que a vida artística me trará resultados consideráveis em pouco tempo.	◯	◯	◯
Acredito que já fiz tudo que era possível para viver da minha arte.	◯	◯	◯

Como interpretar o resultado:

Se marcou "concordo totalmente" em cinco ou mais respostas, sinto dizer que você precisa rever alguns conceitos e trabalhar melhor a sua percepção de mundo se quiser mudar e alcançar novos resultados – vale ressaltar que, se sua vida está boa e você se sente feliz, está tudo certo também. Muitas vezes, é infinitamente mais fácil atribuir a sua falta de ação e planejamento à sorte de outras pessoas ou a qualquer outra justificativa externa e ignorar o passo a passo necessário rumo à sua realização. Cinco ou mais respostas assinaladas em "concordo parcialmente" demonstram que você está no meio do caminho e ainda não tem uma definição clara do que deseja ou até mesmo de onde pretende chegar. Por último, para quem marcou cinco ou mais respostas "discordo totalmente", a boa notícia é que você já entendeu o que é um "sonho maluco", não está no time dos descrentes e está se preparando para viver do seu projeto artístico!

Decidido a viver um sonho, o primeiro passo é dominar os fundamentos básicos do seu gênero artístico e ter princípios bem definidos, permitindo a você fazer tudo do seu jeito e criar sua identidade. Conhecer a si mesmo, seus limites e potenciais e ter esses elementos claros é imprescindível para que possa fazer aquilo que lhe dá prazer e que você ama. A partir do básico, é mais fácil arriscar e fazer algo mais complexo, inventar, inovar. É importante dominar os fundamentos e definir os princípios, pois servirão como base para seguir, dando passos cada vez mais largos. Essa base é a fundação da sua produção enquanto artista e é fundamental para lidar com as adversidades. Quanto mais sólida essa sustentação, menor o risco de ser abalada.

Desde a adolescência, eu queria ser realmente bom no que faço, e não apenas ter sucesso. Por isso, estudei muito e colhi os frutos, o próprio dinheiro foi um deles. Consegue perceber a diferença? São as etapas cumpridas ao longo da minha carreira que me fizeram chegar onde estou hoje. Antes de todo sucesso e reconhecimento, eu busquei profissiona-lismo, ética e coerência, o restante foi consequência.

Aos 17 anos, vivendo no bairro de Higienópolis, coração da elite paulistana, estava concluindo o ensino no Colégio Rio Branco com a missão impossível de decidir o que deveria ser para o resto da vida ao optar por um curso em uma faculdade. Nada fácil para qualquer ado-lescente, mesmo nos dias de hoje. Três anos antes, já havia decidido, sem muita convicção, que tinha tendências biológicas como meu pai. O que isso queria dizer? Nem eu sabia ao certo.

Decidir que essa seria a minha profissão para a vida toda aos 17 anos era uma questão darwiniana: não sobreviveria ao habitat e, na certa, seria extinto. A música falava mais alto. Ela era minha dedicação diária, minha empolgação, meu videogame e minha internet em tempos off-line. Mas o relógio regressivo contava, eu precisava prestar o vestibular para algo que pudesse ser um emprego "de verdade". Era minha própria consciência, não minha mãe ou meu pai, me puxando pela orelha e mandando estudar algo "mais útil". Essa pressão, hoje eu percebo, é social. Lembra dos preconceitos enraizados em cada um desde a infância? Eles voltaram com tudo nesse período da minha vida.

Dá para entender? Eu tinha completo preconceito com a profissão para a qual eu mais me dedicava. Tocava horas a fio todos os dias, mas, no momento de pensar em ser alguém na vida, a música era uma opção que passava longe, escorria pelo pensamento. Aquilo estava ali diante de mim, literalmente nas minhas mãos cada vez mais ágeis na execução dos arpejos e escalas. Mas quem me alertaria para essa vocação clara e me influenciaria a correr atrás desse sonho? No Colégio Rio Branco, de ensino tradicional, em uma época que não se tinha a menor ideia de como fazer do rock uma profissão? Ninguém! Nunca!

Lá, o diretor agia e parecia como um barão dos séculos passados, e qualquer ideia subversiva, como tocar guitarra, seria desperdício de tempo. Nada mais tradicional. E, sem me dar conta, eu pensava igual. O mundo em que vivemos não só desvaloriza qualquer profissão fora dos moldes típicos, como também direciona para que você se encaixe nisso, por mais que não seja a sua vocação ou vontade.

Quase um biólogo. Prestei vestibular para Biologia e passei. E agora? Passei na USP, universidade modelo, orgulho para a família. Ser biólogo, porém, algo que, para mim, parecia o caminho mais correto, na verdade, não estava nos meus sonhos. Classificar os artrópodes era legal, mas era uma obrigação, bem de acordo com a noção típica de trabalho. Não era prazer, como subir e descer escalas pentatônicas ao longo do dia.

Resolvi seguir meu instinto e, em 1991, não me matriculei no curso, para o desgosto familiar. Ao longo do ano, tocando, ensaiando, dando algumas aulinhas no meu quarto mesmo, vivi a carreira de músico profissional iniciante. Feliz da vida em tocar, sem aulas ou provas, e ter todo o tempo para me dedicar ao que mais gostava.

O sonho se concretizava, porém o medo ainda estava lá, olhando para mim, pesando no meu ombro. Será que isso vai me sustentar? E quando eu quiser ter uma família, comprar um carro, uma casa? Vemos tantos músicos por aí, no perrengue, que pensar nisso não era nada de se estranhar. Eu não tinha nenhuma inspiração mais próxima para me espelhar.

Eu não tinha referência nenhuma de um guitarrista ou de como poderia me tornar um. Além disso, nas rádios da época, quem tocava guitarra era Lulu Santos, Titãs e a galera do axé: Chiclete com Banana, Pepeu Gomes e Osmar – músicos que, por mais que tocassem o mesmo instrumento, não eram referências para mim por serem de estilos completamente diferentes.

Em um dos ensaios diários, ainda com a minha guitarra Ibanez rosa, não me aguentei. O medo falou mais alto, e me inscrevi novamente no exame da Fuvest para o mesmo curso: Biologia. Dessa vez, entretanto, para não me maltratar no martírio da dúvida, também prestei para Música na UNESP. Eu estava ali, tentando me dar as duas possibilidades, atender à minha paixão e à minha consciência, que me pressionava por um "futuro mais certo".

Passei! E nas duas! E então, fazer o que gosto ou o que seria mais seguro? Tentei cursar as duas ao mesmo tempo, mas o dia a dia se mostrou insuportável, atravessando o trânsito de São Paulo para ir a uma pela tarde e à outra à noite. A faculdade de Música não era de guitarra, mas de composição e regência. O mais perto que tinha da guitarra era o violão erudito. Além disso, era muito teórica, e logo percebi que estava me afastando do que mais gostava de fazer: tocar. Optei pela segurança profissional e decidi fazer só Biologia. Eu continuaria com a minha paixão pela música, mas ainda sem acreditar que essa poderia ser uma saída profissional. Tocava guitarra durante o dia e à noite analisava os seres vivos microscópicos nas lâminas dos laboratórios.

Nessa época, entrei na banda A Chave, que ensaiava perto da USP, e comecei a tocar músicas próprias, não *covers*. Essa banda foi uma das pioneiras no Brasil a tocar algo mais próximo do heavy metal, o *hard rock*. Passaram por lá outros nomes do rock brasileiro, como o grande guitarrista Eduardo Ardanuy. A Chave, que por um tempo se chamava A Chave do Sol, foi como uma escola. Com ela, tive minhas primeiras experiências de ensaio e de palco. Tocávamos em bares de São Paulo e, assim, comecei a aparecer para as pessoas do meio. Afonso Nigro, cantor, assistiu ao nosso show e me convidou para tocar no Dominó, minha primeira experiência profissional remunerada. Por mais ou menos um ano, viajei com eles pelo Brasil. Para quem, até então, apenas sonhava em ser um *rock star*, esse foi um primeiro emprego inesquecível, para dizer o mínimo. Era basicamente subir no palco para tocar em festas de boiadeiro com o Dominó… Nem preciso comentar como era algo muito distante do que eu almejava, né? E, apesar do estilo tão diferente ao meu, foi uma experiência incrível.

Essa visão macro é importante. Eu não estava tocando o rock que amava, mas sabia que as experiências, subir no palco, viajar, entrar nesse clima de turnê, de ensaios e tudo mais, eram também um aprendizado para mim. Graças a essas vivências, pude perceber que precisava estudar mais, me aperfeiçoar. Tudo isso contribuiu para o meu objetivo final: viver de música. Ou seja, deixe os preconceitos de lado e se aproxime de absolutamente tudo que pode conduzi-lo ao seu sonho. Tire proveito das oportunidades assim como eu, pois o aprendizado proveniente de todas essas experiências é parte muito significativa daquilo que sou hoje.

No começo, os shows eram, em sua maioria, aos fins de semana, então consegui conciliar tranquilamente com a faculdade até o segundo ano. Depois, a situação apertou um pouco porque, quando perdia alguma aula prática, na aula seguinte não entendia o assunto, o que acontecia principalmente às sextas por conta das viagens.

Quando não é para ser, quando aquilo não é o caminho certo, você aguenta até o dia em que cria coragem para algo realmente disruptivo, como abandonar a faculdade para virar músico. Era a música que tomava cada vez mais espaço na minha vida.

O recomeço da sua vida. Ah, o melhor dia! Saber que vai fazer o que gosta para sempre e, apesar das adversidades, valerá a pena. Acreditar na sua vocação e ter coragem de buscá-la. Por mais que eu não tivesse a clareza de hoje, no fundo, eu sabia que, mesmo que estivesse errado, preferiria ser livre a viver aprisionado em uma vida que não me cabia. Para mim, essa decisão demorou. Era outra época, não havia tanta informação, cursos e mentores nos ensinando os caminhos das pedras como hoje.

Perceba que eu vivi a clássica "jornada do herói", em que o protagonista supera vários desafios para chegar lá. *Será que tomei a decisão certa? Será que vou ser mesmo músico?* Faz parte se questionar e refletir. Se você não precisa refletir, ou seu sonho é pequeno demais para não assustar ou você não tem (quase) nada a perder se optar por vivê-lo. O apoio que recebi dos meus pais foi muito importante nessa hora. Eles respeitaram minha escolha e não impuseram nada.

Nessa mesma época, Rafael Bittencourt apareceu no meu prédio. Ele já tinha uma banda e ouviu falar do menino de 17 anos que vinha se destacando na guitarra. Não sei como descobriu meu endereço. Conversamos e concordei em entrar para completar a vaga de guitarrista solo. Ficamos amigos desde então, mas, no primeiro fim de semana da banda, fomos para a praia, e voltei com o braço engessado. Desloquei o ombro após uma tentativa falha de surfar. Mesmo assim, continuei dando aulas de guitarra e estudando sem desmarcar nada, tocava com uma mão só. A banda não decolou, mas esse processo e as amizades que surgiram foram o pontapé inicial para a criação do Angra.

Não demoraria muito para eu entender, de maneira definitiva, o que o futuro me reservava. Estava disposto a descobrir e superar toda e qualquer adversidade para viver do meu sonho.

O PODER DAS REFERÊNCIAS

Na faculdade de Música, o Rafael Bittencourt conheceu o Andre Matos, apaixonado por piano clássico e música brasileira. Todos nós estávamos na mesma situação: queríamos estudar música pela formação, ainda preocupados em "precisar" ter uma faculdade e um diploma que representavam, simbolicamente, o conhecimento, mas, ao mesmo tempo, não nos davam a base para o heavy metal que queríamos tocar de fato. Nós nos unimos muito em função do nosso estilo de vida, crenças, princípios, gostos e conhecimento em relação às músicas brasileira, clássica e metal.

O Angra começou a se formar por conta da proximidade do Rafael e do Andre, que cursavam Composição e Regência na Faculdade Santa Marcelina, por volta de 1991. O Andre já tinha uma trajetória com a Viper, e o Rafael com a Spitfire. Juntaram conhecidos da faculdade e do meio em que já circulávamos, tentando reunir os melhores músicos dentro do cenário heavy metal brasileiro. Depois de alguns ajustes e passagem de dois guitarristas antes de mim, fiquei com o Rafael nas guitarras.

Para fazer algo que dure, é preciso ensaiar muito e tratar sua arte como prioridade – leia-se: ensaio segunda-feira às 8h da manhã, e não sábado à tarde ou quando der. Nós nos dedicamos muito e, em 1992, gravamos a primeira fita demo e enviamos para alguns contatos. O investimento que recebemos possibilitou a gravação do nosso primeiro álbum, *Angels Cry*, em um estúdio na Alemanha; foi a partir daí que conseguimos reconhecimento internacional. Foi o primeiro passo de uma carreira com muitos sucessos: 23 anos na banda, mais de dez álbuns, várias faixas que ficaram marcadas na história do rock nacional. Tenho muito orgulho de fazer parte parte desse projeto que levou para o mundo o heavy metal produzido no Brasil. O Angra é um nome bastante reconhecido no rock internacional, e ainda voltaremos a falar dele mais adiante.

Relembrar minhas primeiras experiências, primeiras bandas e conquistas me faz reviver o frio na barriga e a ansiedade que dá ao subir no palco e interagir com o público. Sinceramente, essas são sensações que todos deveriam experimentar na vida. Não especificamente subir em um palco, porque talvez sua criação não necessite disso, mas me refiro à oportunidade de estar sob os holofotes, de conseguir tocar as pessoas com o que você tem de mais forte e incontrolável dentro de si. Tudo que dá sentido à vida faz sentir – é o que não sabemos explicar, mas arrepia, faz suar frio, acelera o coração, está totalmente atrelado às emoções. Primeiro as nossas, depois as que despertamos nos outros.

Sabe aquela indagação que todo mundo já precisou responder: o que você quer ser quando crescer? Tudo o que você já viveu o tornou quem é hoje: o seu maior medo da adolescência, aquele ensinamento da sua mãe, o dia em que você viu seu pai chorar, uma ocasião em que se sentiu amado, o momento em que compôs a primeira música, escreveu o primeiro livro ou admirou a primeira tela. E se tivesse agarrado aquela oportunidade que tanto o deixou receoso lá no início? Como seria sua vida hoje se tivesse apostado em você, na sua arte, e estivesse vivendo o seu sonho?

Com a sua maturidade de hoje, o que você ensinaria para o seu eu de dez anos atrás? Para cada ano da sua vida, o que restou tatuado na memória? Acredite, está tudo guardado em algum lugar especial da mente e dá prazer procurar e encontrar. Contar a sua história é uma viagem sem volta de encontro aos seus sonhos, desafios, erros e acertos. Quando fazemos isso, é possível concluir o quanto evoluímos como pessoa, como superamos os nossos medos e como estamos prontos para descobrir os novos horizontes. É um ótimo exercício para perder o medo de sentir e viver.

Quando adolescente, minha imaginação flutuava por lugares incríveis, sonhos impossíveis que achei que nunca alcançaria, pois eram sonhos, brincadeiras de imaginar, sem pretensões tangíveis. Mas o tempo, a força de vontade e o olhar para frente me levaram a conquistar todas essas imaginações adolescentes, uma por uma. Percebi, bem cedo, que a música nada mais é do que contar histórias, tocar pessoas, descrever a poesia da vida, rimar amor com dor, fazer melodia da vitória no tom maior da alegria ou no tom menor da melancolia. Contar história é música para mim.

Após uma autoanálise feita por anos, resolvi contar minha história e dividir tudo o que aprendi e que prova que podemos alcançar o que desejamos, desde que esse sonho seja forte o suficiente para persistir diante das dificuldades e da passagem do tempo. Não é imediato, é difícil, tem muita pressão, medo, desistência, quase desistência, arrependimento... mas as conquistas acontecem e fornecem o combustível necessário para prosseguir.

E eu me dei conta disso ao ouvir as pessoas com quem cruzei no caminho, fossem elas empresários, amigos com um pouco mais de experiência, ou alguém da família com uma recomendação mais certeira e dura, todos esses conselhos faziam sentido e, de certa forma, alertavam-me sobre as pedras no caminho. Hoje em dia, muito se fala sobre mentores; de certa maneira, posso dizer que sempre estive atento a eles, mesmo que, na época, não fossem chamados assim ou que eu não tivesse total consciência do papel que exerciam em minha vida.

Confesso que evitei ao máximo utilizar alguns termos que nem os *coaches* aguentam mais, embora entenda a importância deles na mudança de *mindset* (o principal dos que tentei evitar). Mas preciso falar do valor dos mentores, aqueles que dão suporte e encorajamento para que você gerencie o próprio aprendizado, maximize seu potencial, desenvolva suas virtudes, aprimore sua performance e se torne a sua melhor versão, alguém que chegou aonde você quer chegar.

Na música, na maioria dos casos, ter um mentor é essencial para expandir sua carreira e crescer profissionalmente. São exemplos de mentores os professores de música, produtores, músicos com bastante experiência para dividir ou até mesmo alguém que pode não ter relação com o setor, mas é um ótimo gestor de planejamento e soluções estratégicas. No meu caso, uma das pessoas mais importantes para minha carreira foi um produtor alemão que conheci nas gravações do primeiro CD do Angra e que mudou a minha vida.

Na época em que divulgamos nossa primeira demo para alguns produtores estrangeiros, as referências do rock brasileiro não tinham muito a ver com o heavy metal e, provavelmente por isso, não havia nenhum estúdio especializado em gravar esse estilo musical no país. Os melhores estúdios eram na Alemanha, e foi para lá que nós fomos. Ficamos um tempo em Hamburgo, gravando. Foi muito difícil, os alemães são muito metódicos e perfeccionistas, tivemos de ralar muito para conseguir gravar dentro daquilo que esperavam. Alguns grandes nomes do *power metal* também gravavam nesse estúdio, sendo um dos mais famosos, e também dono do local, Kai Hansen, um dos fundadores do Helloween e do Gamma Ray. Os produtores desse disco foram Charlie Bauerfeind e Sascha Paeth, dois nomes consagrados no estilo.

Todos da banda tocavam relativamente bem, mas éramos também muito novos, na faixa dos 20 anos, e era nossa primeira viagem internacional. Tínhamos muito o que aprender, ainda estávamos muito crus, e toda essa vivência foi fundamental para adquirir experiência, aprendendo aos poucos como funcionam as relações de business no mundo da música. Ninguém te prepara para isso. Com toda certeza, ter entrado em contato com esses produtores logo no começo da minha carreira com o Angra foi primordial para que déssemos os próximos passos com mais conhecimento. É óbvio que não saímos de Hamburgo sabendo de tudo, mas foi um diferencial na história pessoal de cada um dos músicos e na da banda como um todo.

Éramos uma banda de heavy metal no Brasil, cantando em inglês e sonhando alcançar o mundo inteiro. Pode parecer muita pretensão da nossa parte, mas esse era o nosso objetivo. Se praticamente todas as bandas desse estilo gravavam e cantavam suas músicas em inglês, o Angra faria o mesmo, mas do nosso jeito. Cantar em inglês era uma forma de atingir um público maior, queríamos muito ser conhecidos no Brasil, mas o heavy metal é um estilo global. Na nossa cabeça, queríamos sair de São Paulo e investir em uma mistura de elementos e referências diversos. Qualquer um poderia dizer que estávamos loucos, mas assim começou a nascer a nossa identidade.

Com a demo, conseguimos um investimento alto – 50 mil dólares, que utilizamos integralmente para gravar nesse estúdio em Hamburgo. Foi o primeiro "choque" de realidade. O local não era nada convidativo: um bunker de guerra, frio, escuro e sem qualquer glamour, mas o que realmente importava era que estava cheio de instrumentos bons e equipamentos caros. Não éramos iludidos, sabíamos que não teríamos hotéis cinco estrelas, estúdios badalados, imprensa e fãs, queríamos a qualidade da produção.

Ali, aprendemos na prática que, para alcançarmos o nosso objetivo, teríamos de trabalhar muito. De todos os integrantes da banda, o baterista da época era quem menos se dedicava, nós já sabíamos disso. O produtor também logo identificou isso e não o deixou gravar. Afinal, queríamos a amizade ou a qualidade? Estávamos em Hamburgo, que na época era um *hub*, com várias bandas saindo dali, mas com uma dinâmica totalmente nova para nós, e fomos obrigados a tomar uma decisão dessas de cara. Optamos pelo produtor. Ele nos arrumou um baterista que pegou muito rápido as nossas músicas e gravou toda a sua parte em dois fins de semana. O nome disso: profissionalismo e preparo, estávamos só começando a entender… Os alemães são muito duros, e eu, particularmente, vi isso com bons olhos. Aquele estilo metódico, alto nível de excelência, sem preguiça e com muito perfeccionismo. Eu, mesmo com toda a bagagem, demorei demais para gravar.

Recebemos 30 mil dólares de adiantamento de edição. Vendemos 100 mil cópias e recebemos disco de ouro no Japão. Para o disco seguinte, repetimos a fórmula: mesmo produtor e estrutura. Fui com o Andre ao Japão, e as coisas estavam fluindo melhor lá fora por tudo o que já havíamos conquistado, mas não no Brasil, onde não tínhamos nem facilidade de acesso. O *manager* alemão, então, veio para o Brasil, assistiu aos nossos shows e pontuou os erros. Nós acatamos tudo, mesmo quando considerávamos chato ou extremo.

No meio de tudo, mesmo com uma carreira musical sendo construída, eu ainda pensava: *preciso voltar pra USP*. Era uma cobrança minha e um fantasma que criei. Na hora de responder formulários que continham: "qual seu nível escolar?", pode ser até por vaidade, mas existia um desconforto ao informar apenas "ensino médio completo". Mas a banda estava deslanchando, e eu decidi trancar a faculdade de Biologia definitivamente e investir toda a minha energia no Angra.

O ideal, como descobri aos poucos, é que o artista encontre o equilíbrio entre o "ser", sua liberdade intelectual, e o "ter", a consequência financeira, que se atinge a partir da estruturação do seu trabalho, nunca se distanciando do fato de que o legado criativo é o seu norte.

Uma dificuldade ainda muito comum em trabalhos criativos em geral é a atribuição de um valor financeiro. Como já foi dito, esse tipo de trabalho é de difícil mensuração, pois nem sempre pode ser quantificado, sem falar nas questões de desvalorização. Por isso a dificuldade de muitos criativos para precificar suas obras, mesmo quando concordam que merecem ser pagos pelo que fizeram, pois há, ainda, os que acreditam que o trabalho artístico não se faz em troca de pagamento monetário e que uma verdadeira produção criativa não pode vir de uma encomenda.

Você sabe dizer o que Leonardo da Vinci, Botticelli, Michelangelo, Rafael e outros pintores renascentistas têm a ver com isso? Grande parte das obras-primas desses artistas, como a *Mona Lisa*, os afrescos da Capela Sistina, a escultura *David* e muitas outras foram encomendadas. É isso mesmo que você leu. O fato de terem sido encomendadas afetou de alguma forma a genialidade dessas obras? Os artistas que citei tiveram ou têm as capacidades questionadas? As respostas para essas duas perguntas é apenas uma: não.

Obviamente, você já ouviu falar de Ludwig van Beethoven e ouviu pelo menos um trecho de uma das suas famosas sinfonias. Considerado um dos maiores gênios da música, o compositor alemão inventou sonoridades e combinações nunca antes ouvidas. Foi o primeiro músico a conseguir notoriedade, autonomia e viver de suas obras por toda a vida. Ao que consta, ele nunca trabalhou para ninguém, algo bastante comum entre os músicos da época, contratados por reis, príncipes e nobres.[5]

Antes dele, outro grande nome da música erudita havia iniciado esse processo de gerar renda a partir da venda de composições para mais de um cliente, Wolfgang Amadeus Mozart. Apesar de estar financeiramente quebrado no fim da vida, foi pioneiro em publicar suas partituras, imprimi-las e vendê-las, impulsionado pela popularização do piano de 88 teclas. Por onde tocava, ao mesmo tempo em que evidenciava sua genialidade nas execuções e composições, Mozart também fazia o que hoje chamamos de marketing pessoal. Essas estratégias lhe renderam sustento e autonomia por boa parte da vida.[6]

---

5   OLIVEIRA, Sidnei de. **O Beethoven de Wagner em O nascimento da tragédia de Nietzsche**. 2013. Dissertação (Mestrado em Filosofia) – Universidade Federal de São Paulo, Guarulhos, 2013. Disponível em: http://repositorio.unifesp.br/bitstream/handle/11600/39333/Publico-39333.pdf?sequence=1&isAllowed=y. Acesso em: 16 mar. 2021.

6   BEETHOVEN'S Business Model for the Gig Economy. **New Jobs America**, 2020. Disponível em: https://www.newmassjobs.com/single-post/2016/04/12/Beethovens-Business-Model-for-the-Gig-Economy. Acesso em: 16 mar. 2021.

O VALOR DAS DESCOBERTAS **53**

Na literatura, outro grande nome deixou sua contribuição para melhorar o relacionamento entre arte, artistas e público. Victor Hugo, escritor francês, foi um dos maiores entusiastas na luta pelos direitos sobre a propriedade artística e intelectual. Em 1886, em Berna, capital da Suíça, foi assinado o primeiro documento de direitos autorais com abrangência supranacional – enquanto eles já discutiam direitos autorais, no Brasil, nem 2% da população era alfabetizada e ainda se vendiam escravos! Será que estávamos atrasados? A partir da assinatura desse documento, foi aberto o precedente para que os direitos autorais fossem respeitados em nível global. Antes disso, cada autor só estava protegido pelas leis do próprio país, e isso facilitava a reprodução e venda ilegais de obras em outros locais sem o devido pagamento pela propriedade intelectual e artística.[7]

O que eu quero dizer com todos esses exemplos? O trabalho criativo tem o seu valor e deve ser mensurado. Traçando as estratégias corretas, você poderá viver e se sustentar com a sua criatividade, tomando Beethoven como uma referência para isso. Não estou dizendo que é preciso ser um gênio, mas não é nada mau se inspirar no que ele fez em relação ao seu trabalho, como gerenciou a si mesmo, a sua produção e a sua criatividade em nome de uma vida autônoma, fazendo aquilo pelo que era apaixonado. Nunca se esqueça de que suas referências também dizem muito sobre você.

O ENFRENTAMENTO DOS MEDOS

Quando comecei, ainda não sabia que a arte e os negócios poderiam andar de mãos dadas e muito menos que eu precisaria transformar minha arte, nossa música, em algo tangível e valorizado. Éramos muito novos

---

7   ALVES, Marco Antônio Sousa. Genealogia e crítica do direito autoral: colocando em questão o autor e as formas de fomento e proteção das criações intelectuais. Congresso Nacional do CONPEDI, 17., 2008, Brasília. *Anais* [...]. Brasília: Fundação Boiteux, 2008. Disponível em: https://www.academia.edu/482217/Genealogia_e_cr%C3%ADtica_do_direito_autoral_colocando_em_quest%C3%A3o_o_autor_e_as_formas_de_fomento_e_prote%C3%A7%C3%A3o_das_cria%C3%A7%C3%B5es_intelectuais. Acesso em: 16 mar. 2021.

e inexperientes quando entramos no mundo da música e começamos a gerenciar uma banda, nenhum de nós fazia ideia de como funcionava o *show business*.

Tratando-se do desconhecido, eu poderia preencher páginas e páginas com uma série de medos comuns a todos que decidem se arriscar. Após muitos anos de experiência, entretanto, consegui reunir um compilado que pode ajudá-lo a perceber que você não está sozinho com dúvidas, receios, medos e desculpas mais comuns. Aqui estão alguns:

- As pessoas em volta não acreditam no meu potencial e acham que estou louco por querer viver disso.
- Moro em um lugar pequeno onde minha arte não se encaixa.
- Estou velho para largar tudo e recomeçar.
- Já tentei de tudo e, no momento, estou estagnado.
- Não sei por onde começar.
- Em que momento devo abandonar o que faço hoje? Devo fazer isso de uma vez?
- O mercado está saturado e não tem espaço para mais um artista buscar sucesso.
- Para acontecer, é preciso ter padrinho, empresário, contato...
- É preciso muito dinheiro para começar.
- Não tem público para o tipo de arte que eu produzo.

Se você se identificou com um ou mais itens dessa lista, não tem problema. Mas saiba que precisa estudar mais antes de tentar qualquer coisa. Deve-se buscar pensar na solução em vez de focar o problema, lembra? Você pode estar se perguntando como o fazer. Por meio da autodisrupção! Se pergunte: *o que acabaria com o meu trabalho?*

Una o conceito de autodisrupção aos três horizontes de crescimento criados pelos consultores da Mckinsey & Company[8] para empresas, mas que podemos trazer para o mundo dos criativos:

---

8   BAGHAI, M.; COLEY, S.; WHITE, D. **A alquimia do crescimento**. Rio de Janeiro: Record, 1999.

1. **PAGAR AS CONTAS**: criar sua carreira com produtos e serviços de modo que você consiga se sustentar e pagar os custos da sua empreitada.
2. **CRESCER**: aumentar os seguidores, ter mais fãs, mais participação no seu nicho, ter mais produtos, ter produtos mais caros etc.
3. **IMAGINAR O FUTURO**: nesse horizonte é importante lembrar-se de que o que você faz hoje talvez não exista mais em um futuro próximo. Dessa maneira já é possível imaginar como seria esse cenário e criar soluções e adaptações antes que essa disrupção aconteça. Esse é o momento de rebeldia e de ideias transformadoras – reescreva suas próprias regras, se reinvente, não ajuste o que já existe: inove!

Se você vive de shows, o que você faz em um cenário onde isso não é mais possível? Faria transmissões ao vivo no YouTube? Como poderia monetizar sua *live* para ganhar o mesmo que ganharia em um show? Qual plataforma utilizaria, Twitch? As redes sociais? Qual seria o melhor caminho?

Se você dá aulas presenciais e não pode mais? Uma ótima solução seria criar um curso on-line, por exemplo. Mas quais expertises você precisaria ter ou aprender para aplicar essa ideia?

Se você faz fotos e álbuns de casamento e as inovações tecnológicas tornam o seu trabalho cada vez mais obsoleto, qual seria a estratégia para se manter relevante no mercado?

A pandemia da covid-19, por exemplo, pegou um monte de artista desprevenido: ninguém nunca tinha refletido em um futuro onde suas principais atividades ficassem limitadas. Mas saber agir e inovar foi a diferença para diversos criativos conseguirem sobreviver às adversidades desse período.

Esses são alguns exemplos do tipo de pensamento e reflexão essenciais para você descobrir novos caminhos, novas ideias e não ficar para trás, dando volta em círculos, sem conseguir se adaptar às novas realidades que surgirão.

HORIZONTES DE CRESCIMENTO[9]

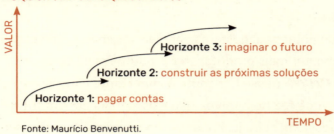

Fonte: Maurício Benvenutti.

Assim como grandes invenções rompem modelos e desmontam sistemas, você deve analisar e romper as próprias amarras para libertar seu potencial e deve estar preparado para agarrar as oportunidades que aparecerão. Nesse sentido, é preciso levar à risca a famosa frase de Marshall Goldsmith e título de um de seus livros: "O que o trouxe até aqui não será necessariamente o que o levará adiante".[10]

Outro conceito importante de que precisa se libertar é o do *sunk cost* (custo afundado ou irrecuperável). Não se prenda ao fato de já ter estudado algo por anos ou investido em uma carreira que não é o que você quer fazer para o resto da sua vida. Muita gente se amarra ao que vive porque "já investiu muito naquilo", seja tempo ou dinheiro. Abandonar aquilo a que se dedicou por anos e nem sempre contar com o apoio de amigos e familiares não é nada fácil ou confortável. Na verdade, é horrível. Gera dúvidas, incertezas e noites mal dormidas. Mas minha dica para você é: fuja da sua zona de conforto! Essa é a lógica em que acredito.

Na música, ao compor uma canção, por exemplo, é comum jogarmos dezenas de ideias promissoras fora até encontrar algo que realmente traduz quem somos de forma inovadora. Não podemos ter apego por ter gastado tempo produzindo aquela música. Se ela não é, não é, e deve

---

[9] BENVENUTTI, M. **Audaz**: as 5 competências para construir carreiras e negócios inabaláveis nos dias de hoje. São Paulo: Gente, 2018.

[10] GOLDSMITH, Marshall. **What Got You Here Won't Get You There**: How Successful People Become Even More Successful. Nova York: Hyperion Books, 2007.

ser descartada sumariamente. O mesmo vale para textos, desenhos, quadros e apresentações: se não está te levando ao próximo nível, pode jogar fora, independentemente do tempo ou do dinheiro gastos.

Deu para ter uma noção, ainda que superficial e resumida, da maneira como estruturei minha carreira como guitarrista do Angra e agora do Megadeth? Entre coisas para as quais mais chamo atenção na minha trajetória, estão os meus princípios e a minha dedicação aos estudos. Antes de ser um guitarrista de sucesso, eu quero ser bom naquilo que amo fazer. Isso está diretamente relacionado ao sucesso, ao fato de ser bem-sucedido: é preciso ter uma base forte e entender o que ama, o que te move, o que quer fazer pelo resto da vida. O restante você vai conquistar aos poucos, como consequência do processo. Com um começo, um desenvolvimento e um objetivo claro, o "fim" é, na verdade, um recomeço. Pensando e agindo dessa maneira, você terá o que acredita merecer, pois correrá atrás disso.

O sucesso será do tamanho que você aguenta. Por que algumas pessoas vão além e alcançam o que outros com talentos parecidos não conseguem? No momento em que se está tocando só para cinquenta pessoas, tudo bem, mas quando chegam aos mil, alguns artistas congelam, começam a se sabotar de alguma forma. E por que fazem isso enquanto outros não se abalam com o sucesso? Porque os do segundo grupo estão emocionalmente preparados para continuar e avançar.

Em algum ponto da trajetória, alguns ficam estagnados, outros evoluem; nem todos estão preparados para o sucesso. Às vezes, uma pessoa toca para uma plateia de mil e fica confortável, mas seu emocional não suporta tocar para uma multidão. Por isso, é fundamental que você tenha noção de onde quer chegar e do que precisa fazer para isso. Cuidado com o ego, mas cuidado também com a síndrome do impostor ("não sou bom o suficiente"), discussões sobre qual caminho seguir etc. – é nesse momento que precisará do controle emocional.

Da mesma forma, há aqueles que se preparam para o sucesso. Paul McCartney é um exemplo: tendo construído desde o início uma carreira forte, se consolidou e continua em evidência, com total consciência do que já fez e do que ainda pode fazer. Tem gente que não aguenta avançar pelas adversidades, que são inevitáveis. Mas tudo é uma questão de controle da mente, a arma mais poderosa para enfrentar seus medos.

O medo faz parte do processo, e seguir em frente apesar deles é uma batalha constante, mas muito compensadora. Eu também tive e tenho meus medos e minhas inseguranças e, constantemente, busco trabalhar esses sentimentos para não ficar paralisado.

Mudar para os Estados Unidos e tocar em uma banda estadunidense, por exemplo, sempre me deixou bem inseguro sobre meu inglês ser suficientemente bom para eu me comunicar à altura. Isso, no começo dessa jornada em um novo país, de alguma forma foi um bloqueio para gravar vídeos, participar de entrevistas etc. Fui atrás de aulas para melhorar minha fluência no idioma e, claro, mudei a forma de encarar o problema: em vez de querer ser o falante perfeito, pensava no Schwarzenegger e lembrava que o sotaque poderia ser minha marca.

Em cada um dos meus trabalhos, tive momentos de quase desistir por achar que as músicas não eram tão boas, que a qualidade não estava legal, que minha criação não agradaria o público. Mas a grande questão foi frisar na minha cabeça que tudo estava bem, eu sempre teria a opção de lançar meus trabalhos como estavam e depois criar algo melhor. Essa mentalidade sempre me ajudou a perceber que tenho a vida inteira para acertar e errar, e que tanto o ir e o fazer quanto o aprender e o corrigir fazem parte da jornada.

Costumo dizer que a visualização é a antecipação do sucesso. Como seria sua vida ideal, fazendo o que você ama? As respostas para essa pergunta não são, na grande maioria, coisas multimilionárias e estratosféricas. Em geral, o sucesso é poder fazer aquilo de que gosta, com conforto, reconhecimento dos familiares e amigos, sendo exemplo e referência para outros. O privilégio de viver do seu sonho e mostrar ao mundo a que veio passa primeiro pelo otimismo e pela perseverança, nunca se esqueça disso. Uma mente negativa nunca atrai sucesso.

INDEPENDENTEMENTE DO QUE ESCOLHER FAZER COM A SUA VIDA, SEMPRE EXISTIRÃO DESAFIOS, PROBLEMAS A SEREM SOLUCIONADOS E INÚMERAS ADVERSIDADES A SEREM SUPERADAS. OPTAR POR FAZER O QUE AMA SÓ DEIXA O CAMINHO MAIS PRAZEROSO, NÃO MAIS FÁCIL.

CAPÍTULO 2

PERCEPÇÃO AGUÇADA

Tratando-se de sonhos, por vezes, é difícil atrelá-los a ações estratégicas e racionais. Por isso, a partir de agora, vou ajudá-lo na criação da ponte entre o emocional e o real. Para tal, as ferramentas necessárias são a percepção – a faculdade de apreender por meio dos sentidos ou da mente –, a consciência, a impressão ou a intuição, fundamentais para que qualquer criativo encontre o ponto de equilíbrio entre arte e empreendedorismo.

Boa parte das pessoas não alcança esse equilíbrio por inúmeros motivos. São eles:

- **NÃO SABER EM QUAL ETAPA DO PROJETO FOCAR.** Na execução de novas atividades, tendemos a nos preocupar apenas com "o que" ou "quanto", quando o mais importante é "como" iremos trilhar o caminho para executar essa ação. Foco, disciplina e criatividade são alguns dos conceitos que o ajudarão nessa empreitada.
- **NÃO TER DEFINIDO SE A ATIVIDADE SE TRATA DE HOBBY OU PROFISSÃO.** Existe uma enorme diferença entre fazer algo que você gosta e se profissionalizar nessa atividade. Seu talento é autossustentável? É preciso ponderar todas as forças e fraquezas do seu objetivo e descobrir se ele continuará apenas como um hobby ou se tem potencial para se transformar em profissão.

Caso você decida que é um hobby, deixe ser. Se for profissão, profissionalize-se.

- **SER MAIS CRIATIVO QUE SOLUCIONADOR.** Ser criativo significa, sim, saber solucionar problemas, e é preciso exercitar essa característica para agregar valor ao seu trabalho, dando-lhe um propósito.
- **NÃO ACREDITAR QUE EXISTE CRIATIVIDADE NO MUNDO BUSINESS.** Lembre-se de que é preciso deixar os padrões de lado para entender que é possível combinar o talento com os negócios e, assim, poderá torná-los tangíveis e valorizados.
- **ACREDITAR QUE VISUALIZAR SEU PROJETO COMO UM NEGÓCIO COMPROMETERÁ SUA QUALIDADE.** Enxergar além da obra é entender seu potencial comercial, o que agregará valor à produção. A música "Luiza", uma das maiores composições de Tom Jobim, foi encomendada pela Rede Globo para a abertura da novela *Brilhante*, exibida em 1981.[11] Ainda na década de 1980, o cantor compôs também as trilhas sonoras dos filmes *Eu te amo* (1981), de Arnaldo Jabor, e *Gabriela Cravo e Canela* (1983), de Bruno Barreto. Definitivamente, vender não significa comprometer sua produção/qualidade de entrega.

É preciso chamar atenção, na questão dos hobbies, para a existência de seus diversos níveis. O hobby "hobista" é aquele praticado por quem investe na carreira, banca os custos sem maiores pretensões e o encara como uma paixão, uma diversão, enquanto tem outra profissão. O hobby "sustentável" é o que permite ganhar uma renda extra para mantê-lo, como tocar em uma ocasião especial e usar o dinheiro para comprar um novo instrumento ou vender uma pintura para comprar mais tintas e novas telas para seguir criando, mas ainda sem sustentar seu estilo de vida, já que essa não é sua principal fonte de renda.

Há, ainda, o terceiro nível de hobby, o que tem pretensões profissionais e transforma-se em carreira. Aqui, encontram-se dois tipos de profissionais: o escravo do trabalho e o visionário. O primeiro é o que não sabe gerir a

---

11   OLIVEIRA, Luiz Roberto; HOMEM, Wagner. **História de Canções**: Tom Jobim. São Paulo: Leya, 2014.

carreira e entra em um ciclo no qual trabalha muito, mas lucra pouco e não consegue crescer – o famoso "vende o almoço para comprar o jantar". Por exemplo, aquela empresa que não dá lucros e, consequentemente, não se desenvolve, mas tem seus funcionários tão envolvidos no operacional que ninguém se dá conta e, por isso, também não aproveita as oportunidades. Em oposição a esses, estão aqueles para quem este livro é destinado, quem consegue sair do "zero a zero" e criar um valor para seu trabalho, tornando-se profissional, vivendo da criação artística e sustentando seu estilo de vida. Esse profissional tem visão e estratégia e não para de aprender e crescer.

Ainda é possível citar aqui um quarto tipo, que denomino como *Larger than life,* o "suprassumo", aquele que chega a ser *rock star*, chef, mestre, ícone, símbolo, marca, lenda; ultrapassando, inclusive, a própria carreira, deixando um legado que o fará ser lembrado como referência mesmo quando não mais estiver aqui. O topo do topo.

Independentemente de em qual desses você se encaixe, trata-se de uma construção de valor, em fases, e que pode chegar ao infinito. Isso não significa que você precise ser milionário com sua produção de arte, mas que consiga alcançar o máximo de pessoas possível, imprimir sua marca e sua essência em tudo que faz. A partir desse processo, os resultados serão consequência.

Antes de decidir aonde pretende chegar, entretanto, é preciso ter consciência de em que ponto você está. Parece óbvio, mas é aí que se encontra a diferença entre a vontade, o sonho e a tomada de decisão. Enquanto no sonho pensamos apenas no destino em que gostaríamos de chegar, ao planejar corretamente é preciso partir de onde está, decidir para qual local quer ir, quais caminhos percorrer e como o fazer.

Após o planejamento real, você saberá a distância a percorrer, o caminho mais curto, o mais rápido e o mais seguro e poderá estimar o tempo necessário para realizar o percurso. Só assim conseguirá estabelecer parâmetros para mensurar a trajetória, se está dentro do esperado, se precisa andar mais rápido ou se pode fazer algumas paradas e admirar a paisagem pelo caminho. Sem métricas reais é impossível construir uma carreira sólida, porque, no mercado, não existe espaço para amadorismo. É preciso saber com precisão cada etapa, como veremos mais adiante.

Então, para começar a caminhada, planeje. Seu objetivo é sua linha de chegada. Nessa etapa inicial, reflita sobre a relação entre importância e dimensão. Lembra-se de como falei que o autoconhecimento é fundamental? É preciso ter claro quais são suas vaidades, fraquezas e qual é o propósito real. Já vi inúmeros criativos se perderem por idealizarem um mundo que não passava de ilusão. Sonhar é mais que necessário, é o combustível para prosseguir, mas é preciso ter os pés no chão para desenvolver uma percepção precisa do que é necessário para se realizar.

Com certeza você já ouviu falar do livro infantil *Alice no País das Maravilhas*, escrito por Lewis Carroll em 1865. Seu sucesso foi tamanho que ganhou centenas de adaptações ao longo dos anos e até hoje promove reflexões com suas diversas passagens. Uma delas ilustra perfeitamente o que estou dizendo: "Se você não sabe onde quer ir, qualquer caminho serve".

Quando se sabe aonde quer chegar, dificilmente seguirá na direção oposta. Com a certeza de que é isso que você quer, olhe para frente, mantenha o foco e faça para valer. Seu destino está logo adiante, não pare. Milhares de projetos não são concluídos porque seus idealizadores desistem no caminho por acharem que nunca alcançarão o objetivo ou, simplesmente, por não enxergarem a evolução e as pequenas conquistas.

Por exemplo, ao decidir criar um canal no YouTube sobre o seu trabalho artístico de desenhos de mangá. Quais são os passos? Abrir o canal, desenvolver uma estratégia/meta de publicar dois vídeos por semana, acompanhar grandes canais do Brasil e do exterior como referência, analisar o público, atentar-se para a técnica da filmagem etc. Assim, ao concluir cada etapa do planejamento, avança de forma natural, celebrando cada conquista. Desenvolver uma percepção aguçada é entender que as mudanças são constantes e é preciso ter sensibilidade para acompanhá-las.

RESILIÊNCIA E ADAPTAÇÃO COMO ESTRATÉGIA

Uma das mais conhecidas frases de Winston Churchill diz, em uma tradução livre, que o sucesso consiste em ir de um fracasso a outro sem perder o entusiasmo.[12] Para não desistir no meio do caminho, um comportamento é fundamental: a resiliência – a capacidade de se reinventar facilmente ou se adaptar à má sorte ou às mudanças. Atualmente, essa palavra tem sido utilizada de forma massiva, em qualquer livro de autoajuda, textos de liderança, e assim por diante. Todo mundo fala sobre isso, mas o que ela realmente significa? A resiliência nada mais é do que não se abalar com as dificuldades e se moldar às circunstâncias.

É preciso analisar as situações sob um novo olhar e não perder o foco, mesmo que pareçam não correr bem. Por exemplo, recentemente, muitas pessoas experimentaram na prática os desdobramentos e consequências da propagação da covid-19 pelo mundo. Poderiam parar, desanimar, desistir, mas optaram por utilizar as ferramentas que estavam ao alcance para adaptar sua trajetória, mesmo com as limitações. Essa percepção do entorno e rápida busca por adaptação às adversidades, mantendo o foco no propósito e objetivo final, é o que fez toda diferença para as pessoas que continuam no mercado.

Como isso funciona na prática? Se você é um músico e começa a fazer *lives*, por exemplo, é possível que deixe de ser chamado para fazer shows, já que o público já está consumindo seu conteúdo na internet. Ao mesmo tempo, porém, você abre novas oportunidades e cria um novo negócio. Como seria possível monetizar as *lives* na internet? Aqui entra a necessidade de adaptação, de acompanhar as mudanças no mercado e aproveitá-las da melhor forma, sem deixar de expandir seu negócio e alcançar consumidores no mundo inteiro.

Recentemente, lancei meu último álbum e, concomitantemente com a venda, disponibilizei o trabalho no YouTube. Pode parecer que esteja destruindo tudo o que construí e investi na produção, mas faz parte de uma estratégia de adaptação ao momento do mercado. Quando um escritor disponibiliza o e-book da sua obra para os leitores de forma gratuita,

---

12   TREZE frases de Winston Churchill. **Época Negócios**, 12 abr. 2013. Disponível em: https://epocanegocios.globo.com/Inspiracao/Vida/noticia/2013/04/13-frases-de-winston-churchill.html#:~:text=%2B%200%20sucesso%20consiste%20em%20ir,e%20no%20ano%20que%20vem. Acesso em: 13 mar. 2021.

NEGÓCIOS PARA CRIATIVOS

ganha um público para quem vender outros de seus produtos. Trata-se de continuar no caminho, mas se adaptando ao percurso.

Outro exemplo de resiliência estruturada, aliada à adaptação, na prática, foi a minha decisão de deixar a faculdade para tocar heavy metal, mesmo com muita gente me dizendo que o Brasil é o país do sertanejo, do samba... de tudo, menos do heavy metal. Claro que não foi uma decisão infundada ou impulsiva, muito pelo contrário. Mas gostaria de destacar o fato de que, para alcançar a vida que eu sonhei, precisei me reinventar diversas vezes ao longo do caminho, adaptando-me à evolução natural do mercado.

Não pense que um planejamento, mesmo que muito bem feito, servirá pela vida inteira. As coisas mudam a todo momento, e nem tudo depende só de você. Mesmo assim, é preciso ter claros seus objetivos, pois, quando tudo estiver aparentemente desmoronando, é a linha de chegada que se deve focar. Se você deseja andar de skate, desenhar, escrever, dançar... não deixe ninguém te convencer de que isso não pode ser seu futuro. Eu escolhi tocar guitarra em um estilo bem específico, o heavy metal, no país do sertanejo, do samba e de tantos outros estilos e consegui realizar tudo o que queria. Tenho certeza de que vou continuar tocando guitarra pelo resto da minha vida, porque é o que realmente amo.

Até jogar videogame em casa o dia inteiro pode ser adotado como profissão, como aconteceu com o paulistano Fábio Jardim, que, em 2009, aos 14 anos, tornou-se campeão mundial do jogo *Guitar Hero*, no World Cyber Games (WCG), um dos maiores campeonatos do mundo. Fábio viajou para Chengdu, na China, para a competição e ganhou medalha de ouro e um prêmio de 7 mil dólares.[13] Eu o encontrei em três ocasiões – e perdi para ele em desafios! Em uma delas, ele me confidenciou que criou um método para treinar, e não apenas jogar como boa parte dos jogadores fazem. Campeão não à toa. É preciso treino, saber avaliar o posicionamento das mãos, as técnicas, harmonia e assim por diante.

---

13 BRASILEIRO fatura campeonato mundial de games com 'Guitar Hero'. **Folha de S.Paulo**, 16 nov. 2009. Disponível em: https://m.folha.uol.com.br/tec/2009/11/653242-brasileiro-fatura-campeonato-mundial-degames-com-guitar-hero.shtml. Acesso em: 16 mar. 2021.

Outro grande exemplo de como você pode fazer sucesso fazendo o que ama é o caso do PewDiePie, um dos maiores youtubers da atualidade, que é dono de um canal sobre videogames. Casos como esses existem aos montes. Ative sua percepção, olhe a sua volta, reconheça-os, inspire-se neles. Hoje, não há desculpas para você deixar de fazer o que realmente gosta. Comece agora e seja excelente no que faz. Aprenda a se comunicar com o seu público, seja por meio de fotos, blogs, textos, vídeos, áudios, *podcasts*, músicas ou o que for. Estabeleça um objetivo e faça aquilo de que gosta de forma estruturada e planejada. Ainda vamos nos aprofundar nisso mais adiante para que você entenda que, quando se sentir pronto para começar, é o momento de mergulhar de cabeça, e isso significa não ter medo de se afogar.

Todo profissional, independentemente da atividade, deve estar atento a alguns pontos importantes para se destacar no seu segmento de mercado. No caso do mercado musical, por exemplo, diferente do que muitos acreditam, ter talento não basta. Um bom músico precisa desenvolver qualidades e habilidades que o ajudem a encontrar seu espaço no *music business* e vencer, realizando seu sonho de viver exclusivamente de música. Você já pensou por que alguns artistas cobram 300 mil reais por um show, enquanto outros, igualmente talentosos, não recebem nem 0,1% disso?

É preciso ser um profissional proativo, disposto a fazer o necessário, colocar a mão na massa, acreditar no seu potencial e, acima de tudo, saber lidar com as adversidades de forma assertiva. Reclamar do que não está dando certo não alavanca a sua carreira, ter atitude, sim. Por isso, aposte na ação e faça dela um exercício diário. Qual problema você resolveu ou criou hoje? Se não tiver nenhum, é sinal de que as coisas estão paradas. Quando você der uma pausa nesta leitura, o que vai fazer pela sua carreira?

Essa é a resiliência. Aguentar a pressão do dia a dia, dos erros ou até mesmo a psicológica e não desistir. Não dá para prever o imprevisto. Por mais que você planeje, invariavelmente algumas coisas escapam. Quando isso acontece, é importante analisar os porquês para poder corrigir as falhas e continuar seguindo em frente. Você precisa defender seu ideal como artista, abraçar a sua ideia e compartilhá-la com o mundo, sem desistir. A resiliência é uma qualidade fundamental para construção de uma carreira de sucesso.

NEGÓCIOS PARA CRIATIVOS

Para que todas essas qualidades caminhem juntas, é essencial desenvolver o equilíbrio emocional. Estar dentro de uma banda, por exemplo, não é tão simples. São muitas personalidades interagindo, e desentendimentos acontecem. O equilíbrio emocional é fundamental para discernir entre as discussões que valem a pena e as que devemos ignorar. Pode parecer simples, mas também exige treino diário. Quantas bandas terminam e seus integrantes deixam de se falar? Quantos projetos nem saem do papel por um motivo ou outro? Maturidade é saber quando ficar quieto e no que focar suas energias para que seus objetivos se tornem reais.

Uma vez desenvolvida essa habilidade, aprende-se a lidar com comentários, bons ou ruins, e a filtrar os elogios e as críticas. Ser artista tem um preço alto no quesito privacidade, e está em seu papel entender que a exposição provoca críticas e é preciso saber aceitá-las. Quanto mais sua carreira avança e você fica conhecido, maiores são as cobranças e os comentários. Por isso, treine, estude e desenvolva seu equilíbrio emocional para que os impulsos não o prejudiquem.

A condição básica para evoluir na vida é estar em constante aprendizado. É essencial estar sempre com fome de aprender, ter disposição para conhecer mais sobre o seu meio e tudo que o permeia. Você não pode ser só músico, conhecer só harmonia, melodias, acordes, escalas e técnicas do seu instrumento; precisa entender também de marketing, contabilidade, contratos… precisa entender que você é uma empresa.

Como ser um artista completo, preparado para entrar no business? No caso da música, por exemplo, aproveite os shows e eventos para conversar com artistas que estão há mais tempo no mercado e tente aprender o máximo com eles. Precisamos partir do princípio de que não sabemos de nada, pois, se acharmos que já sabemos de tudo, não absorveremos informações novas. É o famoso "só sei que nada sei", do Sócrates, ou *stay hungry, stay foolish* [continue faminto, continue impulsivo]", do Steve Jobs.[14]

Para conseguir um lugar no mercado, é preciso encontrar um diferencial, um destaque, e, para isso, não existe uma fórmula mágica, é dar a cara a

---

14   JOBS, Steve. **Stanford's Commencement address**. Disponível em: https://news.stanford.edu/2005/06/14/jobs-061505/. Acesso em: 7 maio 2021.

tapa e se arriscar. Explore a sua criatividade e não tenha medo de errar. O medo do que as pessoas vão pensar ou de uma ideia não ser aceita, muitas vezes, nos impede de alcançar nossos objetivos. Por isso, ter coragem é fundamental para conquistar território. Além disso, criar conexões com as pessoas, criar empatia, é outro fator importante para o desenvolvimento da sua carreira, faz com que as pessoas se inspirem em você.

Com o Angra, por exemplo, formado por *nerds* muito dedicados e com afinidades musicais, queríamos transformar o heavy metal. Esse seria o nosso diferencial e, para isso, utilizamos nossa base de música erudita, música brasileira e rock e cantamos em inglês mesmo estando no Brasil. A partir dessas definições, desenhamos o trabalho que desenvolveríamos. Eu já tinha algum conhecimento do universo musical, como shows, viagens e palcos grandes, que adquiri, mesmo que de modo superficial, com A Chave, o Dominó e o Supla, com quem toquei em 1992, e que foram essenciais para o desenvolvimento da banda. Lembra-se de que todas as experiências somam e cedo ou tarde você vai usar o que aprendeu?

Em 1992, eu havia gravado uma videoaula que estava disponível para todo o Brasil. Algumas pessoas me diziam: "comecei a tocar guitarra por sua causa!". Quando eu comecei, não havia referência próxima em quem eu pudesse me basear, e, naquele momento, eu estava me transformando nessa referência para os novos guitarristas que foram influenciados por mim e por outros músicos da época. No momento, podia não parecer muita coisa, mas toda grande carreira começa com primeiros passos, e esses foram os meus. Mais do que isso, em uma época em que a internet ainda não tinha alcançado as proporções de hoje, eu encontrei uma forma de me aproximar do meu público, e até hoje algumas pessoas guardam essa fita VHS e comentam comigo sobre ela.

No dia da gravação da videoaula, eu estava nervoso e acordei sem voz; mesmo assim, gravamos o dia todo. O responsável pela edição, no fim do dia, disse que não daria para usar o material, devido a problemas técnicos, então decidi regravar tudo naquela noite mesmo. Era a resiliência que aprendi com a minha mãe: comecei, vou terminar, sem deixar para depois ou desistir.

Guitarra Rock foi o nome da aula. A empresa que me convidou tinha mercado, e eu me tornei referência por explicar em português, enquanto só tínhamos material em inglês com acesso limitado. Eu não pensava em dinheiro; fiz o que estava à minha disposição, estudando e me aperfeiçoando continuamente e quis também compartilhar meus conhecimentos. A partir disso, me transformei em um referencial para a nova geração de guitarristas que se formava. Assim, entendia o poder da conexão, da troca, do ensinamento. Já escutei músicos dizerem que escolheram a profissão ou abriram uma escola depois de assistir uma videoaula minha. Isso não tem preço.

A educação sempre foi importante para mim, principalmente por toda a experiência de troca, respeito e autoridade que ela envolve. Já a música promove uma conexão diferente, é igualmente uma troca com público, mas apresenta ainda vários aspectos: sensorial, raciocínio lógico, vibração sonora, espacial, e tudo isso também tem importância dentro de nós. Aproveitar o melhor que cada experiência pode proporcionar é indispensável para desfrutar desse prazer. O que pretendemos é atrelar esse prazer quase autossuficiente a um empreendimento criativo e lucrativo, enxergando tendências e expandindo a visão sinestésica para criação de um negócio sólido.

Lembrando o porquê de um criativo muito talentoso naquilo que faz às vezes não ter o mesmo alcance de um artista mediano: o mediano já entendeu boa parte desse processo, ou seja, cria um conceito, produtos, networking, valor agregado, marketing e contato com a audiência, e está sempre aberto a adaptações e mudanças; enquanto o artista muito bom às vezes conta demais com o talento o levar longe e não se preocupa com o resto do processo.

Você sabe o que a Anitta e o Mick Jagger têm em comum? A resposta é simples: eles estudaram! A Anitta, antes do sucesso, dedicou-se ao curso técnico em Administração e, mesmo durante sua ascensão, nunca parou de estudar.[15] Já Jagger estudou por um tempo finanças e contabilidade, na Escola de Economia de Londres,[16] e no rock, ele é exemplo de um sucesso muito mais atrelado a esforço e trabalho duro cotidiano do que talento – e

---

15 PRECISAMOS conversar sobre a gestora Anitta. **IBC Coaching**. Disponível em: https://www.ibccoaching.com.br/portal/precisamos-conversar-sobre-anitta/. Acesso em: 7 maio 2021.

16 THE 17 most successful alumni from the London School of Economics. **Business Insider**. Disponível em: https://www.businessinsider.com/most-famous-lse-alumni. Acesso em: 14 maio 2021.

por que não chamar isso de talento? No livro *Como um Rolling Stone*, os autores Jamil e Joilson Albuquerque mostram as estratégias desenvolvidas pelo líder da banda que resultaram em seu sucesso por décadas.[17]

Segundo os autores, são pelo menos dezessete habilidades identificadas nas atitudes de Jagger que impulsionaram a banda e a mantiveram na estrada de forma rentável até hoje. Ele soube unir duas paixões, a música e os números, com ações relacionadas desde à economia nos gastos e disciplina nos ensaios até à gestão feita sobre qualquer "fracasso" que o grupo enfrentou ao longo da carreira. O que faz os Rolling Stones ainda estarem na ativa? O propósito. Segundo o próprio Mick Jagger, o propósito deles é "tornar o mundo melhor com a música". Você pode achar ousado, e eu concordo, mas, para tornar isso possível, é importante estabelecer metas que possam ser executadas.[18, 19]

O guitarrista do Queen, Brian May, é outro exemplo de artista plural pois, além de fazer história com a banda, tornou-se também astrofísico. Antes de fazer parte do Queen, May já estudava astrofísica. Mostrando ser uma promessa musical quando ainda estava na escola, graduou-se como bacharel em Física com honras no Imperial College London. May seguiu no Imperial College com seu PhD, estudando a velocidade e a luz refletida pela poeira interplanetária no sistema solar, mas parou quando o Queen começou a fazer sucesso e só concluiu seu doutorado em 2007, cerca de trinta anos depois de iniciá-lo.[20]

O mais interessante é que, nas duas carreiras a que se dedicou, May alcançou o extraordinário, mas não é exaltado o bastante por suas múltiplas

---

17   ALBUQUERQUE, Jamil; ALBUQUERQUE, Joilson. **Como um Rolling Stone**: entenda a liderança eficaz de Mick Jagger. Porto Alegre: Citadel, 2019.

18   LAURO, Marcos. 8 dicas de liderança de Mick Jagger. **Forbes**, 30 ago. 2018. Disponível em: https://forbes.com.br/carreira/2018/08/8-dicas-de-lideranca-de-mick-jagger. Acesso em: 16 mar. 2021.

19   ENTENDA a liderança eficaz de Mick Jagger. **Mundo RH**, 7 ago. 2018. Disponível em: https://www.mundorh.com.br/entenda-a-lideranca-eficaz-de-mick-jagger. Acesso em: 16 mar. 2021.

20   CLIFFORD, Catherine. Legendary Queen guitarist Brian May is also an astrophysicist with a PhD. **CNBC Make It**, 5 jan. 2019. Disponível em: https://www.cnbc.com/2019/01/04/queen-guitarist-brian-may-is-also-an-astrophysicist.html. Acesso em: 16 mar. 2021.

trajetórias profissionais. Ter conhecimento e passar por diferentes áreas, entretanto, é necessário para que sua carreira tenha amplitude e profundidade. Se você foca apenas os conhecimentos técnicos e ligados ao seu desenvolvimento criativo, por exemplo, dificilmente conseguirá produzir algo grandioso, porque está restrito apenas ao universo ao qual pertence. Para criar algo novo e diferente, é preciso arriscar, o que só é possível quando você amplia seus horizontes.

Outro exemplo é o baterista do Metallica, Lars Ulrich, que começou a banda com um anúncio de jornal e ficou conhecido por ser uma mente empreendedora e ter uma visão de negócios que foi crucial para sua carreira. No começo da banda, e ainda sem o apoio da internet, Ulrich analisava os álbuns de que gostava, de artistas que considerava grandes e consolidados, e entrava em contato com os *managers*, artistas gráficos e demais profissionais que mais lhe chamavam atenção, passando a conhecê-los e desenvolvendo um certo relacionamento profissional estratégico. Ou seja, mesmo sendo um baterista de uma banda ainda de garagem e "pequena", não tinha medo de ir atrás desses contatos importantes que, com certeza, lhe abriram muitas portas. Quarenta anos depois desse início, continua atento ao mercado e às suas transformações.[21] Um legítimo empreendedor que entende bem o significado dos conceitos de percepção e resiliência.

Recordo-me de ler, na década de 1990, o livro *Contabilidade para não contadores*,[22] que apresenta os conceitos fundamentais de contabilidade a estudantes, profissionais da área e outros interessados em compreender e interpretar dados contábeis. Sem referências de *music business*, tive de aprender o básico por conta própria. Assim, comecei a entender e aplicar os conceitos que aprendia na minha carreira e na banda. Sei que muitos devem estar torcendo o nariz agora, mas embora essa seja, de fato, a parte chata, sem ela, você não avançará. Aceitar isso tornará essa etapa mais agradável.

---

21 MIRANDA, Caio. Lars Ulrich não acredita que a banda fará 40 anos de existência. **Whiplash.net**, 21 maio 2020. Disponível em: https://whiplash.net/materias/news_743/321084-metallica.html. Acesso em: 16 mar. 2021.

22 SÁ, Carlos Alexandre. **Contabilidade para não contadores**: princípios básicos de contabilidade para profissionais em mercados competitivos. Rio de Janeiro: Senac Rio, 2011.

PERCEPÇÃO AGUÇADA 73

Resistir às etapas do processo necessárias para alcançar seus objetivos vai contra tudo que eu apresentei até aqui. De forma resiliente, aprenda desde já a se adaptar para continuar seu processo de evolução.

VISÃO ALÉM DO ÓBVIO

Quando você entende que, em vez de julgar ou comparar artistas, talentos e estilos, pode aprender com eles, é libertador, além de uma excelente oportunidade para praticar sua percepção. O que as pessoas que se destacam na sua ou em outras áreas têm feito que você não faz?

Se analisarmos a última década, é possível verificar facilmente as transformações no consumo de mídia. Sim, vou falar sobre Netflix e Spotify, que catalisaram uma transição irreversível para o *streaming*. Entretanto, as mudanças foram muito além disso.

A Netflix, apesar do que muitos acreditam, não surgiu nesta década. A empresa conta com mais de vinte anos de atividade, mas, por muito tempo, limitou-se a um serviço de entrega de filmes em DVD. Só em 2011, quando locadoras fecharam pelo mundo inteiro, que se converteu na gigante do *streaming* que conhecemos hoje. A percepção das mudanças do mercado, seguida de ações estruturadas, impulsionou a popularização da Netflix.[23]

O Spotify,[24] mais recente, criado em 2008, teve seu impacto sentido ao longo da última década, com efeitos muito similares aos da Netflix quando o tema é disrupção. Talvez, a maior e única diferença entre os dois é que o Spotify trabalha com a indústria musical, que já havia aceitado a não lucratividade com a comercialização de CDs depois que a tecnologia do MP3 e a pirataria reduziram drasticamente as vendas.

Nesses dois exemplos, os grandes *players* do mercado até então – aqueles que encabeçavam gravadoras e produtoras – em vez de abraçar

---

23 KLEINA, Nilton. A história da Netflix, a rainha do streaming [vídeo] **TecMundo**, 4 jul. 2017. Disponível em: https://www.tecmundo.com.br/netflix/118311-historia-netflix-pioneira-streaming-video.htm. Acesso em: 16 mar. 2021.

24 ALECRIM, Emerson. Dez anos de Spotify: como o serviço mudou a indústria da música. **Tecnoblog**, 2018. Disponível em: https://tecnoblog.net/263609/spotify-dez-anos-historia-streaming-musica/. Acesso em: 16 mar. 2021.

o futuro que era o MP3 e o *streaming*, brigavam para ficar no passado, negavam a força da mudança tecnológica e queriam centralizar, a qualquer custo, a distribuição de suas músicas e seus filmes. O resultado: ficaram para trás na onda de popularização das plataformas de *streaming*, muitos perderam relevância e foram até engolidos por essas novas empresas.

É importante estar atento a toda e qualquer mudança no mercado que possa impactar direta ou indiretamente seu trabalho. Por isso, em vez de perder tempo criticando e nadando contra a maré, aprenda a surfar a onda e aproveitar tudo o que acontece a sua volta. Mas cuidado para não chegar atrasado na festa! No caso do *streaming*, por exemplo, a disrupção foi tão marcante que incontáveis outras empresas decidiram seguir os passos de Spotify e Netflix. Hoje, existem diversas plataformas, como YouTube Music, Deezer, Amazon Music, Apple Music, brigando por um espaço no mercado musical, e outras inúmeras buscando espaço no mercado audiovisual, como Amazon Prime Video, Disney+, Apple TV+, HBO Go (ou HBO Max), YouTube Premium. Lá atrás, a Apple, com o iTunes, provocou uma disrupção vendendo músicas baixadas, mas, ainda assim, chegou "atrasada na festa".

Ficar se lamentando só vai fazer com que perca cada vez mais espaço, porém, se começar a se movimentar e criar diferenciais competitivos, descobrirá que o mercado é grande o suficiente para absorver sua criação e a de outros artistas também. Às vezes, o esforço em observar quem está do seu lado fazendo a mesma coisa que você gera uma distração para o que realmente importa: o mercado e o que ele precisa.

Tudo faz parte de um processo; a vontade de materializar o seu sonho dá forças para ultrapassar cada uma das etapas. Nesse processo, o autoconhecimento é fundamental, é preciso estar atento às suas maiores capacidades e focar o desenvolvimento das suas habilidades. Em seguida, é preciso traçar um plano de execução e ter a iniciativa para implementá-lo, independentemente das adversidades do processo. Pessoas com alta autoeficácia enxergam os problemas como desafios a serem superados, não se amedrontam ou desistem, mas encaram e superam tudo de cabeça erguida.

Ao montar um curso on-line de piano, por exemplo, é preciso pensar, antes de tudo, nas etapas do processo e definir: quem é seu público, se iniciante ou avançado; um ritmo específico; a metodologia que vai adotar; se é possível utilizar piano ou teclado; se deve contratar alguém para filmar ou investir em um equipamento para tal; se alguém irá editar ou você terá de fazer tudo; quais módulos ensinar; qual o material que vai utilizar; escolher a plataforma utilizada para vender o curso; criar redes sociais com conteúdos para conquistar sua audiência... Já deu para perceber a amplitude do que estou chamando de processo? E tudo isso só é possível com foco e disciplina, pois é só a partir do interesse profundo nas suas obrigações que se alcança um olhar mais abrangente para as várias atividades.

As pessoas que chegam aqui são as que não inventam desculpas ou desistem. Aquelas com pouca eficiência, que evitam desafios e, nas menores dificuldades, acreditam que não darão conta, vestem a camisa da "síndrome do impostor" – termo que citei anteriormente muito utilizado na psicologia e que se refere ao padrão de comportamento no qual o indivíduo duvida de suas realizações e teme ser exposto como fraude ou incompetente. São as que observam os outros chegarem onde gostariam, mas tornam-se críticas, e não protagonistas da própria história. Focam apenas o que há de errado e não se valorizam. Essas precisam ser resilientes e acreditar mais em si, não se deixando atingir pela autossabotagem, pelos medos paralisantes ou pelas adversidades que poderiam restringir sua performance.

Seria de se esperar que eu, sendo parte do Angra, desenvolvesse apenas trabalhos relacionados ao heavy metal. No entanto, em 2005, lancei meu primeiro álbum solo, chamado *No Gravity*, de rock com guitarra pesada e distorcida mas, dentre as treze músicas gravadas, há duas em que mostrei meu lado bem brasileiro e toquei violão, com toda a linguagem brasileira pela qual sempre fui apaixonado, são elas: "Beautiful Language" e "Choro de criança".

Sempre me aventurei pelo mundo do jazz e da MPB nos estudos, curtindo Edu Lobo, Tom Jobim, Egberto Gismonti ou Hermeto Pascoal, porém nunca imaginei que poderia mostrar isso para o mundo, já que o meu posicionamento sempre foi de um guitarrista de metal virtuoso, apenas com alguns elementos brasileiros. Lembra-se dos conceitos de percepção e autoconhecimento? Resolvi explorar minhas habilidades e mostrar algo totalmente diferente no violão, o que criou um oásis de calmaria no álbum.

Eis que a nossa gravadora do Japão, a JVC, sugeriu que eu fizesse um álbum 100% no estilo violão brasileiro. Eu questionei a ideia por estar fora do que estava acostumado a fazer e porque os fãs provavelmente se sentiriam apunhalados pelas costas – os fãs de heavy metal são ortodoxos. O diretor da JVC não titubeou e respondeu: "Enquanto você continuar fazendo som com o Angra e usando guitarra pesada, um álbum completamente inusitado não irá afetar sua carreira, e nós acreditamos que vale a pena". Esse era um sonho remoto para mim e, com esse aval e o investimento da JVC para financiar a gravação, iniciei o projeto.

Desafio dado, me joguei na fogueira, planejei e agora tinha de executar. A primeira parte seria compor as músicas. Comecei a frequentar a casa de Yaniel Matos, pianista e violoncelista cubano radicado no Brasil com ótimas ideias musicais e que me ajudou muito, me incentivando a buscar excelência nas composições. Depois de alguns encontros, inúmeras ideias, áudios e vídeos gravados, fui assaltado e perdi o carro com violão, computador, câmeras, vídeos e todos os registros das ideias. Foi um baque, quase perdi a energia para manter esse trabalho paralelo.

Era 2006, e o Angra trabalhava em um novo álbum de metal, mas eu estava decidido a manter os dois projetos. Consegui definir as dez músicas do álbum e precisava planejar a gravação. Ao contrário do que se faz atualmente, segui o modelo tradicional e coloquei todos os músicos juntos: Yaniel no piano, eu na guitarra, Cuca Teixeira na bateria e Noronha no baixo. Fizemos, talvez, quatro ensaios na sala da minha casa. Foi ótimo, mas não suficiente, pois, para mim, quanto mais ensaio, melhor.

A gravadora japonesa delimitou um prazo de entrega, pois precisava planejar o timing desse e de outros lançamentos, incluindo o novo do Angra. Eu preferiria ter marcado vários dias de gravação, mas o baterista sairia em tour com a Maria Rita pela Europa e não teria disponibilidade depois, o que me deu somente três dias. Consegui agendar com o estúdio, os músicos e o engenheiro de som. Sabia que seria apertado, mas estava confiante de que daria certo. Essa confiança, no entanto, foi abalada quando o Angra marcou um show no mesmo dia da gravação. Teria de fazer o show e gravar no mesmo dia.

Por sorte, o show era também em São Paulo, no Playcenter, à tarde. Por mais inusitada que fosse a situação, não desmarquei nada. A gravação do meu álbum teve início de manhã, e, enquanto a banda fez uma pausa para o almoço, fui ao show, subi no palco, toquei heavy metal com o Angra e retornei o mais rápido que pude ao estúdio para, calmo e tranquilo, continuar com a música brasileira do meu novo álbum.

Conseguimos gravar sem muitas repetições. Era para ser feito e foi feito. Na semana seguinte, precisei apenas refazer parte das guitarras – para isso, todas as noites, ia ao estúdio gravar por algumas horas, com o tempo mais do que contado para cumprir o prazo da gravadora. Em paralelo, durante as manhãs, ensaiava com o Angra o novo álbum. Heavy metal de dia e MPB à noite. Foi uma escolha minha, e eu precisava honrar o que me propus a fazer.

Tudo correu bem até o ataque do Primeiro Comando da Capital (PCC), organização criminosa de São Paulo, quando a polícia decretou toque de recolher na cidade. Eu precisava cruzar a cidade de carro, desrespeitando o decreto da polícia e do PCC, para não atrasar a entrega. Gravei as guitarras e percussões no álbum, fiz as fotos e trabalhei na capa. Ainda era época de Copa do Mundo, difícil de encontrar profissionais dispostos a perder os jogos. E o tempo corria. Precisava enviar no prazo. Não tinha desculpa.

A mixagem do álbum foi feita após longas trocas de e-mails, pois, nessa altura, eu já estava na Europa gravando com o Angra. O *manager* da banda, nessa época, sofreu um enfarto, e todo nosso planejamento precisou mudar. Mas o meu álbum tinha de ser entregue… De volta ao Brasil, terminei a mixagem e consegui enviar para masterizar na Alemanha, mas, quando o recebi, percebi que ouvíamos o *click* do metrônomo bem na música de piano, uma balada bem calma. A única solução foi gravar uma percussão em cima para disfarçar.

Finalizado. Tudo ficou pronto no último dia. O CD completo ficou pronto à noite e precisava ser enviado ao Japão por Fedex. Encontrei uma loja ainda aberta em um shopping de São Paulo. O artista da capa teve o carro roubado, mas deu um jeito de levar a arte para mim no shopping, às 21 horas. Eu me lembro de esperar na rua que ele chegasse com o CD, enquanto minha namorada tentava convencer a funcionária no balcão da Fedex a esperar mais um pouco antes de fechar e levar todos os pacotes e envelopes para a central.

Quando o CD chegou ao Japão, o diretor questionou: "Cadê as músicas de violão?". Eu tinha gravado tudo na guitarra, era um som brasileiro, mas com minha personalidade. Ele esperava Bossa Nova, mas fiz uma mescla. Naquela mesma noite, compus a música "Espera aí", gravei no dia seguinte e enviei pela internet como *bonus track* exclusivo para o álbum do Japão. A JVC ficou feliz com a música extra, que chegou a tempo do lançamento.

Depois de mais de um mês gravando e coordenando dois álbuns, sem descanso, tive mais um imprevisto. O empresário do Angra, que até então estava na UTI, teve alta e mandou para o Japão a arte do álbum não finalizada que tinha consigo. O pessoal da JVC, recebendo um arquivo vindo do *manager*, ignorou o meu – aquele que tanto lutei para enviar por Fedex na data – e usou a arte do e-mail que recebeu depois. Em resumo, foram produzidos 5 mil CDs com os textos errados, e o lançamento teve de ser adiado...

Sabe por que contei tudo isso? Parece que não passa de uma história atípica e azarada, com diversos contratempos específicos e impossíveis de prever. A verdade é que todos os projetos que fiz e que você vai fazer terão contratempos imprevisíveis. Com a experiência, aprendemos que os obstáculos fazem parte do caminho. Eles nos abalam, é claro, mas, sabendo que não há outra alternativa, somos resilientes e encontramos uma saída, buscando enxergar além do óbvio.

Você já tentou chegar em uma ilha nadando? No meio do caminho, percebe que foi uma ilusão de ótica e a ilha está, na verdade, ao dobro da distância imaginada inicialmente. Mas aí já é tarde, e o esforço é o mesmo para voltar ou chegar lá. É isso que vai acontecer com você quando começar a desenvolver seus projetos: várias adversidades aparecerão, das mais absurdas às inusitadas, e você terá de superá-las uma a uma.

Lembra-se das manifestações de 2013 por causa do aumento de vinte centavos na passagem de ônibus? Justamente em um daqueles dias, em São Paulo, estava agendada a gravação do meu DVD. E, apesar de ter vendido todos os ingressos, para muitas pessoas foi impossível chegar ao Auditório Ibirapuera, e metade do local estava vazia. O que fazer em uma situação assim? Não tinha mais como voltar atrás. Entretanto, passado o momento desesperador da execução, o que fica é mais um importante aprendizado. Um marco. Um trabalho que você valorizará ainda mais. Se fosse fácil, todo mundo faria. Não é fácil, mas recompensador. E assim construímos uma carreira e solidificamos o amor pelo que fazemos.

Apesar da correria e do estresse, em nenhum momento pensei em desistir. O resultado desse álbum, somado ao do Angra lançado no mesmo período, estabeleceu minha imagem como guitarrista plural, que transita com tranquilidade entre metal, jazz e música brasileira. Nesse ano, recebi o prêmio de melhor guitarrista mundial, à frente de todos os meus ídolos de infância. No Brasil, o reconhecimento do meu trabalho como artista cresceu, grandes nomes da música brasileira me convidaram para participar de eventos e festivais de jazz, uma nova frente se abriu para minha carreira e, além dos shows de rock, pude tocar em outros tipos de eventos.

Nada como ganhar respeito de músicos e outros artistas que você admira. Ganhei prestígio internacional dentro e fora do rock e ainda diversifiquei as formas de monetizar minha música. Esse álbum, o *Universo Inverso*, inclusive, me levou para países que nunca tinha visitado e para festivais de estilos musicais diferentes, ou seja, experiências únicas que com certeza agregaram para minha formação artística e cultural.

Nem sempre é fácil enxergar além do óbvio para terminar o que começou sem perder o foco. O segredo é sempre olhar pra frente e seguir.

QUEM VOCÊ QUER SER EM PRIMEIRO PLANO?

Quando falamos sobre construir uma carreira artística, uma marca, viver desse trabalho, alcançar sua definição de sucesso, ser reconhecido e respeitado como artista, entre muitas outras coisas que se alinham com a realização do sonho encantado de trabalhar com o que gostamos, penso em cinco passos essenciais. Para que nenhum deles passe despercebido, é sempre bom tê-los em mente, a fim de trilhar o caminho correto em sua carreira. Preparado?

1º PASSO: Combinar elementos com os quais você se identifique. Inventar, desenvolver algo que importe ser contado, transmitido, compartilhado e que valha a pena o esforço da criação. Tarefa nada fácil. Inventar é um verbo que amedronta, parece privilégio dos gênios, das pessoas únicas, dos grandes criativos. Porém, desenvolver algo à sua maneira ou unir elementos que já existem em uma combinação única é possível e não tão aterrorizante. É uma habilidade que se pode aprimorar com o tempo, por meio de prática e estudo.

2º PASSO: Formatar o modelo, ou seja, a partir da invenção, desenvolver um conceito que possa ser usufruído e apreciado por outras pessoas. Aqui, muita gente se perde. O conceito é a alma de uma carreira: amarrar os pontos, conectando as ideias para que formem um todo coerente, com linguagem que faça sentido e represente quem é você e aonde quer chegar.

3º PASSO: Com o conceito pronto, é preciso contar essa história da forma certa para as pessoas certas. Desenvolver sua identidade, sua marca. É necessária uma expertise em marketing para encontrar o público para a sua criação. Ao encontrá-lo, o desafio é saber expressar o conceito, evidenciando sua importância.

Esses três passos parecem suficientes: desenvolve-se o conceito e a estratégia para proliferar a mensagem ao público certo e interessado. Pronto! Aí está sua carreira, seu produto, sua marca... Só que não! O mais importante está a seguir:

4º PASSO: Após a definição de conceito e público, é preciso criar os produtos.

5º PASSO: O último passo consiste na repetição de tudo isso de forma constante e incansável por toda a sua carreira. Sempre lapidando e aperfeiçoando cada um dos pontos anteriores. Somente com o desenvolvimento contínuo do que amamos é que conseguimos o aprimoramento necessário para fazer de maneira genuína e permanente. Assim, constrói-se a confiança e segurança necessárias para concretizar o sonho de tocar as pessoas com sua criação.

Essa última etapa talvez seja a mais fundamental, mas é, muitas vezes, esquecida. A construção de uma carreira, de um público ou de um posicionamento privilegiado vem da consistência, resiliência e regularidade. Hoje, vivo o resultado desse esforço genuíno, do prazer de criar e inventar algo com propósito e da busca incessante por aprimorar esse conceito.

Pense, por exemplo, em uma estilista que cria um conceito de roupas infantis femininas inspiradas na moda da década de 1950. Para isso, precisará pensar em logotipo, cores e design que façam referência à época. Em seguida, precisará entender o comportamento do seu público, os pais que efetuam a compra, e como conquistá-lo. Só então começará efetivamente a produzir as roupas em escala e analisar e aprimorar as etapas anteriores para continuar com a produção de novas coleções.

Ter dúvida e insegurança não é algo tão ruim quanto parece. A reflexão gerada por esses sentimentos é importante diante de qualquer profissão que desejemos seguir, pois garante uma melhor preparação. Você já viu alguém passar em um concurso público sem estudar? Com certeza não. Da mesma maneira é a vida de quem deseja viver de suas criações. Um dos primeiros passos a se atentar é a busca por disciplina, pois só assim você alcançará os seus objetivos.

Um bom começo é partir das perguntas: como fazer? O quê? Quando? Para quem? Quanto custará? Qual caminho seguir? Qual estratégia usar? Com as respostas, crie um cronograma definindo as tarefas e o tempo necessário para realizar cada uma. Para mim, essa organização precisa levar em conta quatro pontos principais do negócio:

- **COMUNICAÇÃO E CONTEÚDO**: desenvolvimento das mídias sociais focadas no seu propósito final – como vender ou divulgar sua marca – comunicando-se com seu público e parceiros, criando conteúdo e estabelecendo *networking*.

- **LEGADO**: é preciso gerar conteúdo constantemente, como gravar um disco ou uma música, lançar um EP, um clipe, escrever um livro, criar uma coleção, uma arte. Trata-se de perpetuar sua essência, construir uma identidade tão coerente e forte que não será esquecida facilmente. Criar algo que vá além do esperado e que resista ao tempo.

- **RECEITA E SUSTENTO**: criar estratégias para ganhar dinheiro inicialmente, como dar aulas de música/instrumento, fazer shows em bares, trabalhar de *roadie* (técnico em shows), participar do processo de publicação de outros escritores, ser assistente de alguém que você tem como referência na sua área, alguma coisa que gere receita imediata, ajudando a bancar o processo de construção da sua carreira, além de promover a construção de *networking* no seu nicho, buscando novas prospecções e convites para coisas maiores.
- **EXPANSÃO**: é preciso pensar sempre em como expandir a sua carreira. Quais outros negócios você pode participar? Quais novas oportunidades você pode explorar com os contatos e conhecimentos que você tem? Esses são alguns questionamentos importantes para não deixar a sua carreira dependente de um único plano e permitem que você explore novas frentes e expanda os seus horizontes.

É importante entender que algumas ações serão mais "líquidas", ou seja, totalmente ligadas a ações rotineiras, como postagem de conteúdo nas redes sociais, enquanto outras serão mais sólidas, como assinar sua linha de roupas ou móveis, publicar um livro, ações que ajudam a perpetuar seu nome. Ao mesmo tempo que você se relaciona com seus consumidores já captados e por meio de conteúdos, busca novas prospecções, expansão e receitas, não pode deixar de lado a construção do seu legado, da sua marca.

Mantendo o foco e a disciplina, você alcançará resultados rápidos, mas, para que isso aconteça, é preciso um excelente planejamento. Preste atenção no que fazem os criativos da sua área que já chegaram onde você gostaria. Observe, estude e sistematize.

Acima de tudo, acredite em você, no seu potencial como artista, no seu talento como diferencial. Se você não acreditar ser capaz, olhará o sucesso dos outros com inveja, buscando defeitos ou desculpas para justificá-lo, como, por exemplo, acreditar que tal pessoa só chegou lá por ter sorte, dinheiro, ser mais bonita ou parente de alguém importante. Mas, quando você acredita em si mesmo, olha para o sucesso do outro com admiração e se inspira a também chegar lá. Com tudo isso – disciplina, planejamento, confiança, inspiração –, mirando as pessoas certas e o seu objetivo final, alcançará tudo o que almeja. Mostre a todos o que você faz de melhor e não se esqueça: as pessoas de sucesso olham sempre para a frente, visualizando onde querem chegar e quem elas querem ser, enquanto as pessoas estagnadas se contentam em olhar apenas para onde estão e para o que têm no momento, ficando presas a sua atual realidade.

No universo dos criativos, a ousadia é um componente-chave para se destacar no mercado. Arriscar-se é sempre válido, todos os grandes artistas só se tornaram reconhecidos correndo muitos riscos, entretanto, você pode ter dois resultados ao colocar a cara a tapa: receber elogios ou críticas. Por isso, trabalhar o lado emocional é crucial para lidar com os resultados de maneira construtiva, apreendendo apenas o que fará você crescer como artista. Corrija-se quando necessário, procure sempre ser sua melhor versão e você chegará lá.

PRINCÍPIOS E VALORES

Você sabe qual é a diferença entre princípios e valores? Provavelmente suspeita, já que bati muito nessa tecla até aqui. Enquanto princípios são pressupostos universais que definem regras essenciais que beneficiam um sistema maior, que é a humanidade, valores são regras individuais que orientam cada um, como bússolas internas que norteiam as relações, decisões e ações. Os princípios, como pode ver, são base para a formação dos valores.

Ao longo da minha trajetória, vi muita gente que tinha tudo para se perpetuar em uma carreira criativa cair no esquecimento ou se envolver em situações e problemas que não deveria. No universo dos artistas, pessoas com integridade, que dizem a verdade, mantêm sua palavra, assumem responsabilidade por suas ações, admitem seus erros e os retificam são as que permanecem e se tornam referência.

Algumas atitudes, acumuladas aos poucos, trazem uma fama negativa e podem minar seu potencial de sucesso. Por exemplo, quando você combina a entrega de um trabalho e, antes de terminar, já se compromete com outro.

Ou quando combina um horário para um compromisso e se atrasa ou não se prepara (não estuda para o ensaio). Chega cansado ou com sono para uma entrevista. Vai a uma reunião de *networking* sem saber direito sobre a pessoa com quem vai falar. São todas atitudes antiprofissionais.

Com princípios e fundamentos enraizados, você estará preparado para enfrentar o mundo exterior. Os preparativos para o seu show são tão importantes quanto a hora de subir no palco. Já falamos sobre o que precisa ser feito para alcançar seu objetivo, agora você está pronto para dar os próximos passos. Mas, para isso, é essencial ter certeza de que mantém esses dois pilares bem claros para sustentar sua carreira. Apresento aqui, como exemplos para ajudá-lo, alguns dos princípios e valores que norteiam minhas decisões e que servem como mantras para minha vida e para meus empreendimentos:

PRINCÍPIOS (OU MANTRAS):

- Tudo o que começar, estabeleça prazos para terminar;
- Aprenda a aceitar as ideias dos outros;
- Não se compare aos outros, cada jornada é única;
- Busque sempre a qualidade, mas jamais comprometa a entrega;
- Analise o que fez de errado e não culpe os outros por seus erros;
- Entregue sempre mais que o prometido;
- Arrisque-se para criar algo novo;
- Tente aplicar tudo que aprende;
- Preocupe-se apenas com aquilo que pode controlar;
- Defina métricas para mapear o quanto está evoluindo;
- Valorize sua singularidade;
- Tenha clareza e coerência em seus posicionamentos;
- Nunca se desvie do seu objetivo/propósito final;
- Analise os clássicos. Superestime a obra e as pessoas que venceram seu tempo e problemas;
- Visualize o caminho e faça acontecer;
- Seja multifacetado e versátil;
- Questione sempre;
- Estude quem transformou, formou e semeou inovações na sua área;

PERCEPÇÃO AGUÇADA 85

- Faça mapas mentais e visualize seus pensamentos em blocos e organogramas;
- Dinheiro é consequência de um bom trabalho;
- Cumprir horário é respeitar o outro;
- São sempre pessoas, não números;
- Alta performance origina-se em fundamentos sólidos;
- Ideias só têm valor quando bem executadas;
- Erre por tentar algo novo, não por displicência;
- Erre, analise e corrija para evoluir;
- Sorria para os *haters*;
- Confronte seus medos e dance com eles;
- Transforme o "sonho maluco" em sonho grande e possível;
- Abrace suas imperfeições;
- Encare a realidade e suas dificuldades, o obstáculo é o caminho;
- Vencer é alcançar uma carreira longa e relevante;
- Seja realista nas suas decisões;
- Sucesso não é fama;
- Prospecte constantemente novas possibilidades e projetos;
- Seja empático;
- Seja transparente;
- Esteja aberto a novos conhecimentos e aprendizados;
- Na dúvida, volte aos princípios e fundamentos.

FUNDAMENTOS:

- Desenvolva suas *hard skills* e *soft skills* – respectivamente, competências técnicas e habilidades subjetivas. Você aprende *hard skills* na sala de aula, com livros e apostilas, ou na prática, com o trabalho, e essas habilidades podem ser mencionadas na carta de apresentação ou currículo. Já as *soft skills* são habilidades comportamentais, competências subjetivas, muito mais difíceis de avaliar quantitativamente por relacionarem-se à sua maneira de se portar e interagir com os outros;
- Planeje-se, divida seus objetivos entre os de curto e longo prazo.

Assim, conseguirá definir um cronograma de execução de cada elemento do processo;

- Busque o equilíbrio constante nas diferentes áreas da vida;
- Não sacrifique o que realmente importa na sua vida para alcançar o sucesso financeiro ou profissional;
- Priorize o cuidado com a sua saúde, bem-estar e desenvolvimento pessoal;
- Jamais abra mão do seu equilíbrio emocional;
- Desenvolva a espiral da excelência, ou seja, viva em uma evolução constante;
- Guarde sempre um momento do dia para realizar suas meditações, reflexões e contemplações, e criar e dar forma às suas ideias.

Perceba que, com princípios e fundamentos bem definidos, é possível repassá-los ao público de forma clara e autêntica. Para ilustrar o que digo e deixar esses conceitos mais práticos, apresento um exemplo. É impossível falar de autenticidade e não pensar em Lady Gaga, por motivos óbvios. Mas gostaria de mencionar especificamente a parceria realizada entre a artista e Tony Bennett, que, com base em seus princípios e fundamentos, foi crucial para transformar a imagem excêntrica construída no início da carreira.

A parceria entre Tony Bennett e Lady Gaga foi significativa por muitas razões, entre elas, a conexão entre uma das maiores e mais interessantes artistas pop contemporâneas e uma grande voz do jazz, que em muito contribuiu para apresentar esse gênero para a nova geração. Para ela, a parceria colaborou com a desconstrução de uma imagem muito associada a elementos espalhafatosos, performances chocantes e especulações polêmicas. E, para ele, com quase 90 anos e uma carreira consolidada, ajudou a trazer seu trabalho novamente aos holofotes, afinal, quem não é visto não é lembrado. O disco *Cheek to Cheek*, que levou um Grammy e estreou no topo da Billboard 200, é fruto de muita ousadia e estratégia – de ambos os lados.

Para se destacar, é preciso, antes de tudo, ser estratégico e nunca se esquecer dos princípios e fundamentos, são eles que vão nortear seus passos durante toda a sua trajetória como artista.

NO UNIVERSO
DOS CRIATIVOS,
A OUSADIA É UM
COMPONENTE-CHAVE
PARA SE DESTACAR
NO MERCADO.

PARTE II

A construção

CAPÍTULO 3

QUEM SÃO OS "CRIATIVOS"

Os criativos são aqueles que ganham a vida usando a criatividade como instrumento de trabalho – músicos, artistas, atores, escritores, comediantes, *videomakers*, chefs da culinária… ou seja, os que fazem parte da economia criativa em geral. Partindo dessa definição, damos início à segunda parte do livro, que tratará da etapa de construção dessa carreira.

Antes de mais nada, gostaria de começar com um importante alerta para evitar erros futuros, principalmente para quem está começando agora. Quem trabalha diretamente com a criatividade, muitas vezes, deixa de lado o business, a burocracia, e este é o erro fatal para qualquer carreira. Falando especificamente do setor musical, por exemplo, percebemos que um dos motivos para isso acontecer é que, com frequência, as pessoas têm um certo preconceito com músicos que se dedicam ao negócio, desconfiando que seu lado criativo seja comprometido.

Porém, muita gente desconhece o fato de que a criatividade está inteiramente interligada com o negócio, e a primeira não impede o desenvolvimento do segundo. Ter foco no planejamento, no business, no marketing, é importante para o desenvolvimento de qualquer carreira, não importa em qual área. É aprender a usar sua motivação, seu gosto, a favor da sua carreira. Quando essas duas forças se unem, a sua profissão se desenvolve. É fundamental entender que a arte é o propósito principal, e é a partir dela que se deve procurar aprender, desenvolver e executar suas habilidades de forma coerente.

A fórmula é simples. A+B=C. Arte mais business é igual à carreira. Só com arte a carreira não irá acontecer. Mas o mesmo vale com os negócios: achar que ter dinheiro para impulsionar a sua criação e fazer um bom marketing do seu produto é o suficiente, sem ter uma arte boa, sincera e genuína, é um enorme equívoco.

Sabe o que Frank Zappa, Caetano Veloso, Chick Corea, Pat Metheny, Quincy Jones, Jacob Collier e Joe Satriani têm em comum? Além de renomados artistas, com grande qualidade musical relacionada, principalmente, à execução de harmonias, melodias e arranjos mais complexos, todos souberam administrar suas trajetórias dentro do *music business*. Os artistas citados construíram e gerenciaram suas carreiras em um primeiro momento e, só mais para frente, contaram com o apoio de profissionais complementares que somaram ao seu projeto pessoal de forma estruturada e planejada. Mais do que excelentes artistas, eles se dispuseram a ser também empreendedores.

O que pretendo, ao citá-los, é evidenciar a importância do seu entendimento e percepção, pois é por meio deles que conseguirá viabilizar seu trabalho. Esses são artistas que ficaram reconhecidos pela complexidade e profundidade musical de suas obras, mas que aprenderam também a se posicionar, fazer marketing, conduzir o negócio sem perder a essência da sua arte.

O empreendedorismo é a ponte entre seu trabalho artístico e o público. Quando começar a enxergar as coisas por este ângulo, tudo fará mais sentido. Portanto, se decidiu que seu futuro é na arte, você deve, desde já, encarar a criação como uma profissão, dedicando-se a ela de corpo e alma, mas também ao marketing, às vendas, à administração etc.

Agora que você já sabe da existência intrínseca dessas duas faces que não se anulam, se completam, passe a agregar aos seus estudos aperfeiçoamento e desenvolvimento das táticas e estratégias de funcionamento do mercado. Com o conhecimento certo, você conseguirá uma boa audiência e, consequentemente, bom retorno financeiro. Por isso, leia livros, assista a videoaulas, compareça a workshops, faça cursos on-line – o que não faltam hoje são opções, com os mais variados valores –, mergulhe em tudo o que possa lhe trazer informações sobre gestão. Quanto mais você entender do assunto, mais vantagens encontrará no mercado para impulsionar a sua carreira, por isso, programe-se e siga um cronograma de estudos e pesquisas para que possa acompanhar a obtenção de resultados em sua trajetória.

Nesse sentido, é necessário desenvolver uma mentalidade de acordo com as dinâmicas do mundo moderno. Note a rapidez com que as três novas revoluções – tecnológica, social e informacional – impactaram nossos comportamentos de consumo. É imprescindível estar atento aos comportamentos e tendências de consumo se quiser vender qualquer produto que seja. Essa realidade contribuiu para o desmoronamento de vários modelos de negócio da última década e, por esse motivo, as novas empresas (leia-se: criativos) precisam se adaptar às transformações digitais.

Mesmo que as mudanças ainda pareçam distantes e você até possa identificá-las apenas em um cenário macro, não se iluda, em algum momento você será impactado. Veja tudo que está ocorrendo a sua volta como um movimento de placas tectônicas que sutilmente indicam para qual sentido o mercado está indo.

Você se lembra quando o formato MP3 surgiu e qualquer um conseguia baixar música de graça pela internet? Foi um lançamento bastante disruptivo, mas os artistas continuavam gravando em estúdios e os investimentos eram os mesmos. Além do financeiro, outro problema para quem estava no mercado – e eu vivi essa época – era o fato de que, depois de todo o trabalho e dedicação por parte dos artistas, as pessoas usavam um fone de ouvido qualquer para escutar as faixas, o que prejudicava a qualidade da reprodução.

O cenário contava com esses dois problemas: o artista não recebia nada pelo trabalho que realizou com muito investimento, suor e carinho, e as pessoas ouviam aquela música em uma qualidade horrível que desvalorizava ainda mais todo o esforço da produção musical. Então, o Dr. Dre, rapper e produtor musical norte-americano, sentindo na pele o impacto e num período em que todos só enxergavam os shows como saída para ter lucro no mundo da música, teve uma epifania que virou o jogo. Ele pensou: *as pessoas podem até não pagar, mas elas não deixarão de ouvir música*.

Assim, incorporando sua visão artística e criativa à percepção de uma necessidade de mercado, criou, em parceria com o produtor Jimmy Iovine, o fone de ouvido Beats, que além de ser produto comercial e, portanto, com retorno financeiro, ainda resolveu a questão da qualidade da música ouvida e tornou-se objeto de desejo por seu design ligado à cultura hip-hop. Em 2014, a Apple anunciou a compra da fabricante de fones e acessórios de música do Dr. Dre por 3 bilhões de dólares.[25]

Citei esse exemplo para mostrar que, durante o período mais difícil da indústria musical, foi criado um dos maiores negócios do ramo e que a evolução do mercado indica também as melhores estratégias para permanecer nele. É preciso ficar atento e não ser inflexível, do contrário, será engolido por aqueles resilientes e sensíveis o suficiente para identificar essas mudanças e oportunidades. Por exemplo, a aquisição da empresa do youtuber Casey Neistat pelo poderoso canal CNN ou a compra do The Joe Rogan Experience, um dos maiores *podcasts* gratuitos criado pelo comediante e apresentador Joe Rogan, pelo Spotify. O que isso significa? As grandes plataformas já perceberam a necessidade de ampliar a oferta de produtos para conquistar novos públicos e não estagnar.

Os criativos precisam estar atentos a esses sinais. Por quê? As empresas estão apostando em *podcasts* e *audiobooks*. Se você não entende isso, por exemplo, provavelmente dedicará tempo e dinheiro desenvolvendo produtos que não se encaixarão no mercado que está sendo desenhado dia após dia. É preciso constante adaptação da nossa parte, além de um olhar estratégico pensando no próximo passo de acordo com a nova realidade do momento.

Você se lembra da "parte chata"? Muitos criativos, pelo fato de o business fugir da criação em si e envolver mais estratégia e foco, aceitam qualquer coisa sugerida e realizam essas atividades de qualquer jeito,

---

25 APPLE compra Beats por US$ 3 bilhões. **G1**, 28 maio 2014. Disponível em: http://g1.globo.com/tecnologia/noticia/2014/05/apple-compra-fabricante-de-fones-beats-por-us-3-bilhoes.html. Acesso em: 16 mar. 2021.

só por obrigação formal. Em 1997, em uma viagem aos Estados Unidos, comprei meus primeiros livros de *music business*. Concordo que, em geral, são chatos e com linguagem muito formal, mas foram essenciais para que eu entendesse o cenário mundial em relação à música e aos direitos dos artistas, por exemplo. Quando você está atento e disposto, tudo aguça sua percepção de mundo.

Para você ter uma ideia do impacto disso na carreira, Tom Jobim tornou pública uma carta na qual dizia que não ganhou dinheiro com "Garota de Ipanema". Na década de 1950, quando a música foi lançada, eram garotos que só queriam tocar e cantar a Bossa Nova e assinaram contratos sem a menor noção de como funcionava o *music business*. A maior parte do que foi arrecadado ficou com as editoras, versionistas, gravadoras, produtores etc.

Veja um trecho da carta:[26]

O contrato com a "Garota de Ipanema" rende menos de um centavo de dólar por gravação da música. Quando nós assinamos o contrato, recebi de adiantamento 800 dólares. No documento, tem a cláusula de que, depois de 28 anos, a música volta para os autores. Como vários compositores americanos morreram muito mal, na sarjeta mesmo, porque venderam todos os direitos aos editores e depois ficaram sem nada, eles inventaram essa cláusula. Esse prazo se esgotou recentemente, e eu seria o feliz possuidor de "Garota de Ipanema", mas eles botaram uma outra cláusula no contrato que diz o seguinte: dentro de 28 anos, a música volta para os autores. Nós temos a opção por mais 28 anos. Então, são 28 mais 28. Se você não falar nada, é renovada automaticamente. Se falar, não adianta, porque eles têm a prioridade. Podem ficar com "Garota de Ipanema" 28 mais 28 anos, o que daria 56 anos...

Nessa renovação, fiquei sabendo que eu não tinha direito à música de volta. Tanto é que eles não tiveram de me pagar nem um tostão.

---

26   MARCONDES, Cristiane. Tom Jobim: "Podem ficar com a 'Garota de Ipanema'". **Arquivo Correio do Brasil**, 2018. Disponível em: https://arquivo.correiodobrasil.com.br/tom-jobim-%e2%80%9cpodem-ficar-com-a-garota-de-ipanema%e2%80%9d/. Acesso em: 16 mar. 2021.

Continuo com esse contrato, que foi discutido por estrangeiros. Quando o primeiro contrato foi feito, nosso inglês não dava para isso. Essas músicas todas de parceria com o Vinicius, que se tornaram importantes, eu dividia com ele e com todos os letristas que entraram. Tem 50% da editora. O restante dos 50% para dividir entre os autores. Rachado, dá 25% para cada um, 25% nessa coisa ínfima que é o direito autoral, mas já é alguma coisa.

Utilizando a música para exemplificar essa evolução rápida, **todos os criativos** precisam entender para onde as tendências do seu nicho estão caminhando, bem como o que motiva as tomadas de decisões e as escolhas dos consumidores de conteúdo. Por tudo isso, deixo aqui uma proposta para reflexão a partir de um trecho da reportagem da jornalista Caroline Hecke:[27]

> A evolução da indústria musical se mistura com a evolução das mídias e formatos de distribuição, desde os discos de vinil, passando pelo rádio, as fitas K7 e os CDs, até chegar ao MP3. Se, antes, para fazer sucesso, era preciso estar dentro de uma gravadora influente, hoje só é preciso ser bom e, de alguma forma, cair no gosto do público.
>
> Como tudo o que a web já mudou, na música não é diferente: o poder mudou de mãos, e, agora, a tendência é que o público dite o que quer ver ou ouvir, e não o contrário. Com isso [essa evolução tecnológica, que alterou como se consome, como se grava, como se compõe], ocorreram mudanças na forma com que gravadoras trabalham, o que também garantiu acesso de produtores independentes a um enorme público.

---

27   HECKE, Caroline. Como a tecnologia transformou a indústria da música. **Tecmundo**, 15 out. 2013. Disponível em: https://www.tecmundo.com.br/musica/45704-como-a-tecnologia-transformou-a-industria-da-musica.htm#:~:text=A%20evolu%C3%A7%C3%A3o%20da%20ind%C3%BAstria%20fonogr%C3%A1fica,sobre%20a%20hist%C3%B3ria%20neste%20infogr%C3%A1fico. Acesso em: 16 mar. 2021.

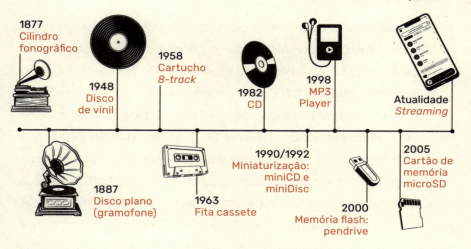

Acrescento, ainda, que não é só cair no gosto do público. Hoje, é preciso sair em campo, criar estratégias para o negócio, divulgar seu trabalho para o mundo, mostrar seu talento, se conectar com a audiência. Entender como funcionam as ferramentas disponíveis hoje na internet e aos poucos criar o próprio público. E não precisa muito: só você, seu trabalho e um telefone com acesso à internet.

CONSTRUÇÃO DE IMAGEM E CARREIRA

Você já se considera um artista? Qual é a imagem que passa ao mundo? É comum que eu converse com as pessoas do mundo da economia criativa, ouça seus sonhos, suas vontades, suas ideias e seus planos futuros, mas, ao pesquisar sobre elas em alguma mídia social, encontre uma conta privada. É contraditório querer viver da sua paixão, mostrar sua arte para o público, e não ter seus canais de comunicação abertos. Existe, ainda, o outro extremo, quem tem as contas abertas, mas sem praticamente nada relevante sobre seu trabalho, apenas sua vida pessoal, família, passeio na praia, *selfies* no espelho da academia etc.

Teste rápido para os criativos. Entre nas suas redes sociais e reflita: se alguém acessasse agora o seu perfil, conseguiria facilmente identificar seu trabalho? É comum que isso aconteça com aqueles que ainda não se enxergam como artistas, talvez por medo ou insegurança em se mostrarem como tal. Então, para cada dez publicações, apenas uma reflete sua arte. Se esse for o seu caso, apague o que não faz sentido e deixe apenas o que contribuirá para seu posicionamento.

O primeiro passo para alcançar tração e escalabilidade com seu trabalho criativo é se posicionar como profissional. Obviamente, a primeira pessoa que precisa acreditar nisso é você. Por isso, é fundamental que suas postagens reflitam a postura que quer transmitir para os outros. É preciso criar uma identidade coerente para que as pessoas próximas o vejam como um criativo, seja na escrita, música, culinária, costura etc. Com essa mudança, você receberá incentivo, retorno, elogios ou críticas. É o início do seu novo caminho profissional, com contato direto com o público, pessoas que se identificam e admiram seu trabalho e, consequentemente, o propagam.

O segundo passo, depois de se reconhecer como artista, é a oferta de produtos. Qual é o seu? Uma das primeiras perguntas para quem quer se lançar na arte é essa. Ou, se eu quiser comprar algo seu agora, consigo? Tem um *link*, uma loja ou um contato para fechar uma parceria? É muito comum encontrarmos artistas que ainda não pensaram no produto, apenas no trabalho artístico. Porém, para que a arte se sustente, precisa gerar receita. Para gerar receita, devem-se desenvolver produtos. Quando falo em produto, incluo também serviços. Entretanto, muitos criativos falam sobre serviços como algo subjetivo, e nem sempre o conceito fica claro. Nesse caso, a pergunta é: dos seus serviços e atividades, quais são os produtos que você consegue gerar e desenvolver?

Por exemplo, um show pode se desenvolver em quatro produtos diferentes, cada um com uma proposta e preço definidos no momento da criação: um workshop de guitarra, onde eu, sozinho, toco com um *playback*; uma palestra para uma empresa falando sobre negócios ou criatividade; um show pequeno, com trio ou quarteto e pouca produção; ou ainda um show grande, com produção, equipe etc., como são os shows do Megadeth, que contam com cinquenta pessoas trabalhando e toda a estrutura necessária. São quatro produtos diferentes, com produções diferentes, e, claro, o preço final para o contratante também varia de acordo com a complexidade.

Ao divulgar seu trabalho artístico para o mundo, depois de já se reconhecer como artista e desenvolver um ou mais produtos, terá de enfrentar um novo e grande desafio: as críticas. Não é nada fácil. Dedicar-se por meses – às vezes anos – a um trabalho, lidando com todos os perrengues possíveis e imagináveis e, com o produto lançado, receber um comentário negativo que pode te destruir.

Artistas que eu mentoro muitas vezes travam, ainda no começo da carreira, por medo das críticas e de não serem aceitos. Eu entendo que esse sentimento exista, mas temos de enfrentá-lo. Para isso, é preciso entender a função das críticas e aprender a lidar com elas, pois podem ajudar a direcionar sua carreira.

Eu divido os comentários externos em quatro tipos:

1. O HATER

Fácil de detectar. Trata-se, geralmente, de uma crítica sem fundamento, acompanhada de falta de educação e maldade. Ao perceber que se trata de um *hater*, ignore. É fato que gera angústia e raiva ler um comentário desse tipo, mas lembre-se de que, em sua maioria, *haters* têm problemas consigo mesmos e usam a internet para descarregar isso – inveja, depressão, falta de amor. A regra é simples: ignore ou delete logo. Nunca responda e, se responder, só faça depois de ter respondido todos os outros comentários positivos.

2. A CRÍTICA NEGATIVA VINDA DE AUDIÊNCIA QUE NÃO É DO SEU NICHO

Se você tiver um conceito de trabalho bem definido, um diferencial, um porquê claro, é normal que apareçam pessoas que não se identificam e criticam. Esses críticos são ótimos, pois provam que você está definindo seu estilo. Na música, é fácil exemplificar. Se eu toco heavy metal e alguém diz ser muito barulhento, respondo: "Obrigado, é para ser assim mesmo!". Se eu toco guitarra virtuosa e alguém diz haver muitas notas, digo: "Obrigado, é isso mesmo, quanto mais notas, melhor nesse estilo!". É o público que ajuda você a definir sua arte e seu posicionamento como artista.

3. A CRÍTICA NEGATIVA VINDA DO SEU PÚBLICO

Para mim, essa é a que mais machuca, mas é fundamental: a crítica negativa vinda de alguém que te acompanha e gosta do seu trabalho, mas encontrou um problema, um defeito e o reprova. "Kiko, nesse último show, você tocou mal", "Esperava algo mais bem executado", "Não gostei da sua opinião em relação a tal coisa, antes você era mais isso ou aquilo". Esses são comentários vindos de pessoas que, notadamente, seguem e conhecem meu trabalho, mas, por algum motivo, ficaram decepcionadas. Geralmente, se você tem bom autoconhecimento, percebe a legitimidade e fundamento na crítica. Por pior que seja decepcionar seu público, essas críticas são fundamentais para fortalecer você e seu produto, já que podem ser usadas como caminho para a melhoria.

4. ATENÇÃO AOS ELOGIOS CEGOS

Não se iluda, também é necessário separar as críticas positivas. Há o elogio com base em algo que fizemos e foi notado e aceito, mas ainda existe o elogio cego de amigos, familiares e daqueles fãs que gostam muito do seu trabalho. Temos de ponderá-los, pois podem nos colocar em um pedestal cheio de ego, e isso, no longo prazo, será prejudicial. Obter uma avaliação imparcial – que seria a ideal – é uma missão quase impossível.

Já percebeu como o processo de construção de imagem e da carreira é abrangente? Mas não tenha medo das críticas, pois elas vão te ajudar nesse caminho. Exatamente por isso tanta gente ainda erra tanto – porque simplesmente as ignora e não evolui de forma natural.

AS DEFINIÇÕES DE OBJETIVOS FORAM ATUALIZADAS

Se você colocar na cabeça: "não vai rolar, minha carreira não vai acontecer", aí já era mesmo! É muito comum as pessoas criarem essas desculpas, e, perceba, desculpa não é o mesmo que objeção. É claro que a vida tem diversas dificuldades – ô, se tem! Se, por exemplo, você mora em um lugar complicado para algumas coisas, pense que em qualquer local haverá dificuldades, mesmo que não sejam as mesmas, e deixar de fazer algo por causa disso é procurar desculpas. Se você buscar, encontrará pessoas que venceram na vida vindo de baixo, de cidade pequena, de família desestruturada, mas encontrará também quem venceu vindo de família rica e estruturada. Da mesma forma, vai achar o rico que não deu em nada. Ou seja, a vida e as carreiras não começam todas na mesma posição de largada. Não é um caminho justo, mas usar essas dificuldades, sejam elas quais forem, como desculpas, também não é a solução.

Por outro lado, a objeção é um obstáculo passível de ser previsto, analisado e ultrapassado. E, com certeza, algo produtivo surge disso. Solucionar problemas faz pensar, crescer, evoluir e tornar-se melhor. Então vá atrás, trabalhe mais, produza mais, se esforce mais. Perceba a diferença e não crie desculpas, enxergue oportunidades.

Desculpe ser o portador de tal notícia, mas, provavelmente, é você quem está adiando a sua felicidade! Para mudar essa realidade, a primeira coisa a ser feita é definir metas e planos alcançáveis. Não adianta absolutamente nada sonhar em ser um escritor publicado se nunca abriu o computador para começar um pequeno texto. Se você não está disposto a dar esse passo a mais, fazer esse esforço, evoluir constantemente, mesmo que lentamente, onde será que está o problema? Será que o mundo não se preparou para atender a todas as suas necessidades? Será que o problema está nos outros ou em você mesmo? Na verdade, está na sua zona de conforto: "vou ficar aqui mesmo na minha cidade porque não vai rolar", "não vou postar porque ninguém vai ver", "não vou perguntar porque vou receber um não". Será que é um medo desses que faz com que você adie seus sonhos e sua carreira? Em condições assim, é impossível enxergar as oportunidades que teria se tivesse se esforçado mais, encontrado as objeções, analisado e solucionado essas dúvidas.

Está em suas mãos fazer algo inteligente, criativo ou produtivo para cada uma das etapas e realizar seus sonhos. Nada cai do céu, as coisas acontecem para quem está em movimento e tem objetivos claros e reais.

NEGÓCIOS PARA CRIATIVOS

Você com certeza já ouviu o ditado: "Deus ajuda quem cedo madruga". O ponto aqui não é acordar cedo ou não, mas o fato de que as coisas acontecem para quem corre atrás. Eu acredito na lei do retorno: se você "plantar" esforço e dedicação, evoluirá a cada novo passo e "colherá" frutos proporcionais. Mas, se tudo o que se propõe a fazer é feito de maneira descuidada, não espere um resultado maravilhoso, porque ele não virá.

O fSense,[28] um sistema de monitoramento utilizado por empresas de diversos segmentos – de telecomunicações a financeiras – que contribui para melhores resultados de desempenho e produtividade, elencou sete passos para definir metas alcançáveis e que podem também ser aplicadas pelos criativos. São elas:

1. TRABALHE COM POUCAS METAS POR VEZ

Prefira sempre ter menos objetivos - ou melhor, uma quantidade de metas realista. Quanto mais projetos em andamento, mais dividida estará sua energia, e maior será a chance de você abandoná-los. Isso não significa que você deve focar apenas uma demanda por vez, mas se concentrar em apenas dois ou três projetos pode ser mais produtivo do que lidar com dez.

2. ESCOLHA METAS REALISTAS

Objetivos inalcançáveis geram perda de interesse pela dificuldade ou demora para conclusão, e aí surge o desânimo para continuar. Por isso, opte por objetivos simples sempre que possível. Alcançar essas metas é essencial para "dar o gás" necessário para enfrentar desafios maiores.

3. ESTABELEÇA PRAZOS RAZOÁVEIS

Assim como objetivos inalcançáveis podem ter um efeito desestimulante, prazos irreais (ou muito longos) também. Para metas de longo

---

28 SAIBA como definir metas alcançáveis em 7 passos. **fSense Blog**, 2015-2021. Disponível em: https://fsense.com/pt/saiba-como-definir-metas-alcancaveis-em-7-passos/. Acesso em: 16 mar. 2021.

QUEM SÃO OS "CRIATIVOS" 103

prazo, estabeleça pequenas etapas que possam ser alcançadas no decorrer do caminho. Isso fará com que você se mantenha motivado e tenha certeza de que está no caminho certo.

4. DEFINA QUE MENOS PODE SER MAIS

Definir prioridades é uma etapa fundamental para um bom desempenho. Se você reservou determinado período para realizar uma tarefa, não marque reuniões ou compromissos. Ou, se surgirem novas atividades, delegue para terceiros. Lembre-se sempre de que a máxima "menos é mais" te leva longe e não tenha medo de dizer não para tudo que não seja o seu foco de carreira.

5. APLIQUE O MÉTODO SMART

SMART (em inglês, *Specific, Measurable, Attainable, Relevant* e *Time Bound*) é uma grande técnica de organização e gestão de atividades. Cada etapa da sigla vai ajudar você a estruturar e concretizar o seu trabalho, são elas:

Específico (*Specific*): Aqui, a regra é ser o mais claro possível com seus objetivos! Assim como é importante estabelecer metas alcançáveis, ter um objetivo vago, como "faturar mais", é o caminho certo para a decepção – afinal, o que seria faturar mais para você? Ganhar 5 reais extras no seu cachê? Vender mil livros por semana? Ao começar essa etapa, lembre que o que você definir não pode gerar dúvidas em nenhum momento do seu processo, então, se a intenção é gerar renda, por exemplo, coloque no papel quais são os passos específicos (e possíveis de serem realizados) para fazer isso acontecer.

Mensurável (*Measurable*): No mundo digital em que vivemos, dados e métricas são o novo petróleo, então, nessa etapa, é importante estabelecer quais são os números que traduzem sua meta. E não se engane pensando que fazer isso é muito difícil ou que só as pessoas de exatas ou que sabem muito sobre tecnologia conseguem fazer essa análise: desde avaliar as postagens mais curtidas para definir os próximos conteúdos e entender o seu público, a como analisar a curva de crescimento da sua audiência, na internet temos acesso a aplicativos e ferramentas que nos auxiliam a realizar esse levantamento, entender a que pé está o seu negócio e mensurar o que desejar.

Atingível (*Attainable*): Já expliquei a importância de termos metas realistas, mas é sempre bom frisar que ter esses objetivos atingíveis pode ser a diferença entre o fracasso e o sucesso. Só é possível alcançar sonhos grandes por meio de pequenas e tangíveis vitórias.

Relevante (*Relevant*): Parece óbvio, mas, se você quer viver do que ama, seu trabalho não pode ser relevante apenas para você. Suas metas precisam estar de acordo com seus valores, ideias, propósitos, claro, mas também precisam estar alinhadas com seu público! Ao fazer uma análise de cada objetivo traçado, busque sempre se certificar de que você não está gastando seu tempo e energia com algo que apenas lhe agrade e que não tenha relevância ou não influencie de maneira positiva o seu nicho.

Temporizável (*Time Bound*): Quando o trabalho só depende de você ou de sua criatividade, é muito importante estabelecer prazos e cronogramas realistas. Dessa forma, você visualiza e avalia o progresso do seu objetivo, além de ter mais segurança se qualquer imprevisto acontecer, já que conseguirá fazer o remanejamento de seu tempo mais facilmente.

6. ACOMPANHE A META

Após definir seus objetivos, nada de deixá-los engavetados! Sempre repassar mentalmente as pequenas metas e objetivos maiores te ajuda a manter o controle do seu processo e, mais que isso, o manterá motivado durante essa jornada. Ferramentas como slides, planilhas, Trello ou Slack podem auxiliar nesse acompanhamento, mas, para mim, o caderninho e os lembretes na porta da geladeira também funcionam.

7. AVALIE A META COM QUEM CONTRIBUI

Você já percebeu que, apesar do seu processo criativo ser algo muito pessoal, você não consegue fazer sua jornada sozinho, certo? Saber trabalhar em parceria com quem te ajuda de alguma forma no seu dia a dia, mostrando-se aberto a críticas, sugestões, dúvidas e compartilhando o progresso dos seus objetivos é fundamental para o sucesso!

Tudo que mostrei até então exige que o criativo trace objetivos com especificidade, relevância, prazos e ferramentas para mensurar sua produção até o alcance da meta. Na prática, pode-se entender melhor essa ideia a partir dos exemplos a seguir:

1. Lançar dois novos álbuns. O primeiro, com músicas autorais, no primeiro semestre e o segundo, com parceiros/convidados, até o fim do ano.
2. Encontrar dois *freelancer* que possam editar vídeos e ilustrações para acelerar o lançamento dos produtos.
3. Aumentar 30% das vendas de acessórios femininos na loja on-line até o fim do próximo trimestre a partir de propaganda feita em parceria com dez influenciadoras com o orçamento de X reais.

Portanto, para que seus objetivos sejam atualizados, trace metas específicas, claramente alcançáveis, com prazos previamente estabelecidos e congruentes entre si.

METAS E CONVICÇÕES

Agora, chegou o momento de levantarmos informações importantes relativas às metas e determinar alguns passos que serão necessários antes de lançar o seu trabalho, como definir o produto e os subprodutos; realizar uma pesquisa de mercado; entender o público-alvo; tirar um tempo para *benchmarking* – uma análise estratégica das melhores práticas usadas por empresas ou pessoas do mesmo setor que o seu; definir seu diferencial competitivo; definir a forma de distribuição da sua produção; registro de marca; registros do produto; contratos e patentes; domínio... E essa lista se estende ainda mais, dependendo de cada setor ou produto.

Nesse momento, vamos entender como as metas que traçou e suas convicções, fundamentadas por métricas, influenciam diretamente o desenvolvimento do trabalho artístico e, consequentemente, do negócio.

Um criativo legítimo não apresenta bloqueio; ideias brotam a todo momento, seja escrevendo uma música, uma melodia, um *riff* de guitarra, uma letra, uma *headline*, um blog, uma receita. Para ser criativo, é preciso seguir alguns passos, como já falamos. A criação de uma obra-prima não se dá do nada. Não acredito que as sinfonias de Beethoven ou Mozart, ou "Let It Be", ou "Stairway to Heaven", ou *Deus e o diabo na terra do sol*, ou *Guerra e paz*, ou até mesmo o vídeo que acabou de viralizar no YouTube, tenham saído de uma tentativa única ou que a ideia para sua produção tenha aparecido de uma hora para outra já bem formada na mente do idealizador.

É comum lermos entrevistas de compositores ou escritores que dizem não saber como surgiu aquela ideia que os fez reconhecidos e famosos. Estava tomando banho e a ideia veio, à la Arquimedes, "Eureka! Estava caminhando e a melodia veio!". Não é bem assim que as coisas acontecem. Tudo se origina de um processo longo, de desdobramentos de ações e de referências, e só então, em algum momento de ócio, uma caminhada ou um banho, a solução surge na cabeça.

Pensamento focado e difuso devem se combinar. Existirá o momento de intenso raciocínio mental e o momento do ócio com a mente relaxada, quando as soluções e combinações únicas aparecerão. Não existe fórmula do sucesso que garante, por exemplo, o "estouro" de uma música. Existem, sim, alguns princípios que, nutridos por metas e convicções, conduzem o criativo ao acerto. Alguns deles:

HÁBITO DE CRIAR SEM JULGAMENTO

Para ser criativo, primeiro, é preciso desenvolver o hábito de criar diariamente. Se for escrever, escreva todos os dias; se for desenhar, desenhe todos os dias; se for compor uma música, que seja todos os dias. Se você acha isso muito complexo ou se acredita que a produção em massa comprometerá a qualidade, reflita melhor. Esse hábito exige esforço e dedicação, mas não é difícil. Primeiro, é preciso compreender que não devemos acionar nosso eu-julgador nesse momento, qualquer coisa vale. Por exemplo, por que não parar agora para pensar em uma melodia? Por que não rascunhar um parágrafo de uma ideia para um blog ou texto; ou planejar uma cena de vídeo ou o roteiro do seu próximo assunto no YouTube, ou esboçar um desenho? A intenção é desenvolver o hábito, não necessariamente a qualidade, então não se apegue a detalhes.

Você já ouviu falar do músico e compositor Hermeto Pascoal? Ele escreveu *Calendário do som*,[29] obra que compila seu projeto de escrever uma música por dia durante um ano, ou seja, são 365 composições. Mas esse não foi um grande desafio para ele; essa é a sua vida, e quem o conhece sabe que está sempre criando harmonias e melodias a partir de tudo, seja uma chaleira, sejam óculos ou uma garrafa. Um encontro famoso se deu quando Hermeto foi à casa de Miles Davis e mostrou sua música, sentado ao piano e tocando uma atrás da outra, enquanto Miles apreciava e questionava se ele tinha mais composições como aquelas. Claro que sim, afinal, Hermeto estava criando tudo naquele momento, esse era o seu hábito.

O mesmo ocorre com aqueles de mente empreendedora: para todo lugar que olham, percebem uma possibilidade de negócio, uma forma de monetizar, uma ideia para uma nova empresa. É um hábito, uma força interna, que pode e deve ser desenvolvida. Quanto mais você fizer, quanto mais exercitar o "músculo da criação", mais suas ideias serão refinadas. Tudo o que ver ou ouvir o influenciará a criar algo próprio. Desenvolva esse hábito sem julgamento, e tudo a sua volta será catalisador para suas ideias.

O REGISTRO

Partindo do hábito da criação, é importante registrar sempre. Ande com um caderno para anotar e colar, use o gravador de voz do celular, o bloco

---

29   PASCOAL, Hermeto. **Calendário do som**. São Paulo: Senac, 2000.

O JULGAMENTO

Agora, sim, é o momento de acionar o eu-julgador. Ao revisitar todas as ideias com distanciamento, provavelmente, verá que não estão bem executadas, escritas, rascunhadas ou rabiscadas, mas poderá avaliá-las e dispensar as que quiser, sem medo, sem conexão amorosa. Se a ideia não faz brilhar os olhos, jogue fora. De verdade, você sabe que novas virão.

O DESENVOLVIMENTO

Após essa curadoria interna, defina uma ordem para desenvolver as ideias que ficaram. Quando eu pego o violão, a guitarra ou o piano, sempre busco tocar algo novo, não tento reproduzir músicas dos outros. Posso ouvir algum trecho, me influenciar por um acorde, melodia, ritmo, atmosfera, pela sensação deixada pela trilha sonora de um filme, por exemplo, e crio uma melodia. Um samba do Cartola pode virar um *riff* de heavy metal. Eu coleciono minhas ideias no gravador de áudio do celular ou, se estiver em um estúdio, gravo a ideia em uma pasta de ideias embrionárias. É a minha forma de me organizar.

Hans Zimmer é o principal compositor de trilhas sonoras para o cinema da atualidade, e, mesmo que você não o reconheça pelo nome, com toda certeza já ouviu seu trabalho em filmes como *O Rei Leão*, *Batman Begins*, *Piratas do Caribe* e *Kung Fu Panda*. Seu método para criar a trilha de um filme é colocar uma *timeline* em um programa de música (esse é seu caderno), e ele vai compondo, sem julgamentos, ideias relacionadas ao filme. Em seu curso de *soundtrack*, mostra esse diário para a composição da trilha do filme do Sherlock Holmes. Cria sem saber quando ou como usar as ideias e músicas, mas já com um certo *frame* de qual será a atmosfera, se será filme de época, mistério, e assim por diante. Depois, retorna a elas, nomeando e classificando em cores o que acredita ser bom, o que parece introdução, o que transmite suspense, agressividade etc. Assim, quando o diretor lhe apresenta as cenas, ele logo dá início ao desenvolvimento daquelas ideias previamente pensadas.

No mundo das *startups*, se diz que uma ideia não vale nada, apenas sua execução. No mundo *tech*, também é comum ouvirmos que errar no começo é bom. Quanto mais erros baratos, melhor, até definir a ideia grandiosa. Isso porque, depois de adquirir o hábito das ideias constantes, fica fácil dar sugestões, encontrar problemas e soluções, criar melodias e textos. O difícil é saber descartar, desde o início, o que não é bom ou o que não está dentro da proposta do trabalho e, mais difícil ainda, colocar em prática e executar uma ideia sem desistir quando as dificuldades aparecem. Saiba que qualquer projeto custará, pelo menos, 50% a mais do que o planejado e levará 50% de tempo a mais do que o estipulado, mesmo que seu planejamento seja o melhor do mundo.

Para um artista, criar algo criativo constantemente e, a partir disso, curar e executar precisa ser parte de uma rotina diária e dos seus princípios como uma ação necessária. Um bom exercício para colocar isso em prática: selecione um canal com mais de 1 milhão de seguidores, de qualquer assunto. Observe a lista de "mais vistos", os vídeos viralizados de um canal profissional, com youtubers profissionais ou experts no assunto e com uma comunicação que gera resultado. Selecione, pelo menos, cinquenta ideias de *headlines* (chamadas ou temas) – apenas cinco ou seis não acrescentarão em nada. Quando tiver volume e ideias sobre como adaptar esse conteúdo para a seu trabalho criativo, seu olhar mudará. Esse exercício é fantástico. Depois de adaptar as cinquenta *headlines* para o seu nicho, selecione dez ou doze e pense no conteúdo e em como executá-las. Pronto, você acabou de criar três meses de conteúdo para o seu público.

O mesmo pode ser feito com a música. Crie uma *playlist* com músicas de diferentes estilos que, de alguma forma, chamaram sua atenção, seja a batida, a sequência emocionante de acordes, o tema ou a letra, que pode ser adaptado para sua vivência, seu público. A partir dela, monte uma série de caminhos musicais possíveis e, depois, selecione os melhores para executar. Isso trará inspiração.

Para estimular o hábito da criação, tenho algumas dicas:

1. **DEFINA UMA META.** Uma música por dia, mil palavras por dia, um esboço por dia, um *post* por dia.

2. **TENHA UM DEADLINE**: Se não definir um prazo, o tempo se alonga e, quando se der conta, o ano acabou e a ideia ainda está no papel. Como diria a lei de Parkinson:[30] o tempo que você tem para realizar uma tarefa é exatamente aquele que levará para você completá-la.

3. **FIQUE OFF-LINE**: Evite e-mails ou redes sociais logo no começo do dia. Aproveite seu horário mais criativo pela manhã. Caso seu horário criativo seja à noite, quando tudo já fechou, não caia na internet, sente para fazer. Lembre-se de, todos os dias, colocar algo para fora antes de colocar algo para dentro. O *in take* deve ser menor que o *out take*. Se precisar pesquisar para criar, crie até não precisar mais da internet. Não se distraia com o que não é estritamente relevante ao seu processo, do contrário, é muito fácil perder o foco inicial.

4. **FOCO!** Já ouviu falar da técnica pomodoro, um método de gerenciamento de tempo desenvolvido em 1980? Foque por ciclos de 25 minutos diretos, sem distrações. Pare por cinco minutos e repita o processo. Só depois, verifique as referências que precisar na internet. Se conseguir fazer isso quatro vezes ao dia, notará um aumento na produção em pouco tempo. Lembre-se da lei de Pareto: 80% do que você produz levará 20% do seu tempo.

Tenha em mente que uma ideia precisa de:

○ **SIMPLICIDADE**: Ser simples, mas com um *twist,* com uma surpresa. É como uma piada, algo do cotidiano visto por outro prisma. Como "Leãozinho", do Caetano Veloso: simples, familiar, com acordes vindos do passado, presentes em todas as músicas de 1600, na harmonia do Johann Pachelbel, em "No Woman, No Cry" do Bob Marley ou "Let It Be" do Paul McCartney. Mas, na música de Caetano, o último acorde da sequência é uma surpresa. Familiar com o *twist*.

○ **PROFUNDIDADE E SURPRESA**: É preciso comunicar nossas ideias de forma simples e direta, mas não superficial. A profundidade e o

---

30 HOW to apply Parkinson's law to improve efficiency in your business. **Business Balls**. Disponível em: https://www.businessballs.com/blog/how-to-apply-parkinsons-law-to-improve-efficiency-in-your-business/. Acesso em: 23 abr. 2021.

fator surpresa são importantes para que sua ideia ou produto vença o tempo e ganhe seguidores. O iPhone, por exemplo, é um aparelho útil, fácil e direto, mas apresenta também uma série de atalhos e funções inesperados. Assim como um artista que apresenta uma série de talentos adjacentes àquela primeira performance que você ouviu na rádio; ou um álbum que cada vez que se ouve, descobre-se um novo detalhe. O mesmo vale para filmes e livros em que se descobrem referências incríveis e não percebidas em um primeiro momento. Profundidades, surpresas e características mais complexas são importantes para o seu trabalho artístico.

- **CONCRETUDE E CLAREZA**: Suas ideias devem ser claras e didáticas. Por mais complexo que seu trabalho seja, você deve saber explicar e ensinar. Tome Tom Jobim como referência: na música "Desafinado", o segundo acorde é rico, com dissonâncias modernas e difíceis a um ouvinte leigo, mas o músico conseguiu colocá-lo em uma música popular. Para isso, brincou colocando a palavra "desafinado" no momento desse acorde e a melodia nessa nota dissonante. Ficou claro, didático e, para aqueles que entendem mais profundamente de música, genial.

- **STORYTELLING E STORYDOING**: As histórias geram emoção, conexão e identificação. É preciso entender o funcionamento do *storytelling* (a construção da narração) e ser capaz de prender a atenção do público e emocioná-lo. Emocionar alguém é muito poderoso, e poucos criativos conseguem, de fato, provocar essa agitação de sentimentos. Conectar-se emocionalmente com o consumidor é uma das bases para o sucesso de qualquer empresa/marca na atualidade. Para atender às novas necessidades do público, surgiu também o *storydoing*, que se trata de colocar história em ação, em prática, promovendo uma conexão ainda maior. Nesse novo conceito, o objetivo se mantém, mas a execução é mais complexa; além de afeto, é preciso estimular a credibilidade e a responsabilidade social e empresarial. O *storydoing*, assim, apresenta o conceito de uma história que é posta em ação, como diz o próprio nome, que parte de dois termos em inglês que significam história (*story*) e fazer (*doing*). Afinal, não basta só contar, é preciso colocar em prática, com o propósito que valha para você e para o seu nicho.

- **CURSE OF KNOWLEDGE**: É comum que, quanto mais estudemos, mais queiramos mostrar o que sabemos de mais elaborado e, muitas vezes, nos desconectamos do mais importante: o simples, a emoção e a pitada do *twist*. Quanto mais sabemos e vemos o mundo pelos olhos dos experts, começamos a fazer as coisas para eles, nossos colegas, e não para o público. É muito fácil se perder. Fazer o simples com o *twist* é trabalhar sem o ego, é o conectar-se com todos, porém mostrando que sabe o que fazer de maneira inteligente e acessível, de acordo com as necessidades do público.

Em suma, todo criativo deve ser um apaixonado pelo ato de criar, sem julgamento e sem medo de descartar as próprias ideias. Entender que a maioria não será utilizada faz parte. A lata do lixo deve estar sempre cheia. Todo criativo deve amar o processo, os dias bons e os ruins, reconhecendo a dor e a dificuldade da falta de ideias. O processo é o que vale, e o resultado surpreendente só chegará após o cumprimento das próprias metas.

O TALENTO COMO COMBUSTÍVEL PARA INOVAÇÃO

É impossível falar de arte e criação sem envolver o talento. No entanto, como já disse, para alavancar uma carreira e alcançar o sucesso, individual e intransferível, só o talento não basta. É preciso desenvolver uma visão estratégica e de negócios a longo prazo para enfrentar um mercado altamente competitivo e cada vez mais profissionalizado. Dito isso, para falar sobre talento, é preciso conceituar outra palavra, muito próxima e também parte do vocabulário dos criativos: dom.

Você acredita que tem algum dom ou talento? Apesar de muito semelhantes, esses dois termos possuem diferenças conceituais importantes. De acordo com o dicionário, "dom" significa uma dádiva, um benefício e um dote natural. Já "talento" refere-se a uma disposição e uma habilidade. Ou seja, o primeiro é uma espécie de "presente", nasce com você, enquanto o segundo é adquirido.[31]

	DOM	TALENTO
DEFINIÇÃO	Habilidade natural e inata.	Habilidade que pode ser construída ao longo do tempo.
CARACTERÍSTICA	Qualidade natural e instintiva, pode ser uma voz potente ou a sensibilidade e facilidade para determinada atividade como, por exemplo, pintura.	Qualidade adquirida através de estudo, dedicação e foco no objetivo. Exigem muito afinco em aulas e muito treino.
ERRO	Pode ser que você tenha um dom, saiba disso, mas não se dedique o suficiente para que se destaque tanto quanto uma pessoa talentosa.	
ESTÍMULO	É essencial exercitar o autoconhecimento. Ele promove a percepção dos seus pontos fortes e fracos, que merecem mais atenção para não sabotar o seu dia a dia.	

Sem desculpas! Se você se insere no grupo de pessoas que não foram "presenteadas" com um dom ou até mesmo o tem, mas não desenvolveu, agora entende que tudo é uma questão de dedicação, propósito e afinco. Basicamente, sem o dom para realizar metas, você deve se esforçar ainda mais para alcançar o seu potencial, mas não é impossível. E, com dom, mas sem dedicação, o talento se torna ainda mais distante.

Ser empreendedor no meio criativo é transformar a arte em negócio, em algo rentável e acessível. Para isso, o processo é longo e requer muitas etapas, informações e detalhes. Nesta segunda parte, nos dedicamos ao

---

31 A SUTIL diferença entre dom e talento. **IBC**, 30 nov. 2018. Disponível em: www.ibccoaching.com.br/portal/coaching-e-psicologia/a-sutil-diferenca-entre-dom-talento. Acesso em: 16 mar. 2021.

que é necessário para essa construção: é preciso que o talento – dedicação e entrega – seja o principal combustível para proporcionar a inovação. Por isso, elabore sua rotina de criação e estude o suficiente para se tornar talentoso naquilo que se propôs a fazer.

Com a prática, alcança-se mais confiança e, consequentemente, criam-se novas oportunidades. A sua criatividade está diretamente ligada à sua capacidade de concluir o que começou. Motivação não surge do nada, é preciso empenho diário. Da repetição surgem os hábitos, é como tomar banho.

Como você está realmente se apresentando para o mundo? Quando nos posicionamos como profissionais do cenário artístico, devemos nos perguntar não somente sobre o que estamos produzindo, mas quem queremos ser e como queremos ser vistos. A profissão criativa está diretamente ligada ao que fazemos pensando no público para quem criamos e nos dedicamos. E isso deve ser seu maior combustível.

TODO CRIATIVO DEVE SER UM APAIXONADO PELO ATO DE CRIAR. SEM JULGAMENTO E SEM MEDO DE DESCARTAR AS PRÓPRIAS IDEIAS. ENTENDER QUE A MAIORIA NÃO SERÁ UTILIZADA FAZ PARTE. A LATA DO LIXO DEVE ESTAR SEMPRE CHEIA. TODO CRIATIVO DEVE AMAR O PROCESSO. OS DIAS BONS E OS RUINS. RECONHECENDO A DOR E A DIFICULDADE DA FALTA DE IDEIAS. O PROCESSO É O QUE VALE. E O RESULTADO SURPREENDENTE SÓ CHEGARÁ APÓS O CUMPRIMENTO DAS PRÓPRIAS METAS.

CAPÍTULO 4

AUTENTICIDADE E AUTOCONHECIMENTO

Neste processo de construção de carreira e de identidade, a autenticidade e o autoconhecimento são fundamentais. Note que viemos falando sobre essas duas características como ferramentas valiosas ao longo dos capítulos, tamanha sua relevância e complementaridade. Quanto mais você se conhece, mais terá condições reais de inovar e ser autêntico, respeitando sempre seus limites e convicções. Sobre o tema, Gabriela Dantas define:[32]

> O autoconhecimento, segundo a psicologia, significa o conhecimento de um indivíduo sobre si mesmo. A prática de se conhecer melhor faz com que uma pessoa tenha controle sobre suas emoções, independentemente de serem positivas ou não. Tal controle emocional provocado pelo autoconhecimento pode evitar sentimentos de baixa autoestima, inquietude, frustração, ansiedade, instabilidade emocional e outros, atuando como importante exercício de bem-estar e ocasionando resoluções produtivas e conscientes acerca de seus variados problemas.

---

32 DANTAS, Gabriela Cabral da Silva. Autoconhecimento. **Brasil Escola**, 2021. Disponível em: https://brasilescola.uol.com.br/psicologia/autoconhecimento.htm. Acesso em: 25 fev. 2021.

Arrisco-me dizer que, na atualidade, aqueles que alcançam e mantêm o equilíbrio emocional e desenvolvem constantemente o autoconhecimento têm e sempre terão grandes vantagens sobre os que não o fazem. Isso porque essa pessoa consegue, ainda nas palavras de Dantas:

> permanecer equilibrada em casos de fatores externos como críticas, perda de emprego, término de relacionamento e outros que vulneram o emocional. O conhecimento de si próprio não dá prioridade a opiniões ou respostas, e sim estimula seus fatores positivos a detectar os negativos a fim de modificá-los favoravelmente.

E é possível buscar o autoconhecimento a partir da detecção dos defeitos e das qualidades pessoais, sejam eles externos (físicos) ou internos (emocionais), finaliza Gabriela:

> O equilíbrio entre os fatores internos e externos deve ser buscado para que não haja espaço para manipulação e fragilidade. Também pode haver reflexão de vida, analisando o comportamento obtido até então e as atitudes tomadas para que se consiga detectar maus atos e comportamentos, a fim de que não mais ocorram.

Minha dica é sempre buscar a honestidade artística, primeiro com você e depois com os outros. Para se fortalecer emocionalmente, é preciso antes enfrentar os próprios medos e travas. Se desconectar do "o que será que vão pensar de mim", do medo da rejeição, do julgamento. O ponto é: **se você deseja mostrar seu trabalho para o mundo, precisa estar forte o suficiente para isso.** Com essa consciência, está preparado para seguir os próximos passos rumo à construção da sua carreira e identidade:

1. CRIE ALGO NOVO

Você pode combinar elementos únicos para criar algo novo e no qual só você enxergue a associação original. Tem quem acredite que criatividade é apenas para certos tipos de pessoas, o que é um grande erro. Todos nós podemos desenvolver a criatividade. Nascemos criativos, depois é que adquirimos certos bloqueios. Vivemos em um momento tão cheio de possibilidades que não consigo encontrar qualquer razão para trabalhar fazendo algo com o qual não há identificação. Não tenha medo de inventar, desenvolver algo vinculado aos seus valores, suas ideias.

Inventar é simplesmente combinar elementos com os quais se identifique, transpor todos os seus gostos para dentro da sua arte. Se você gosta de poesia concreta, ioga e filmes dos anos 1950, é possível combiná-los em seu novo trabalho musical. A poesia na letra, o ioga na paleta de cores e nas locações das fotos de divulgação e a década de 1950 como inspiração para produzir os timbres ou logos. Misturando tudo, com certeza surgirá algo inusitado, afinal, todos somos únicos.

2. DESENVOLVA O CONCEITO

Ao observar grandes artistas e marcas de sucesso, percebe-se um conceito muito bem definido. Por isso, conforme cria, identifique padrões, entenda suas verdades e valores e amarre tudo isso em um conceito fechado e claro. Prenda-se a ele como um conceito sólido, como a sua identidade. Tome cuidado, pois, nessa parte, muita gente se perde. Foque aquilo que quer transmitir, seja a partir de uma música, um disco, uma banda, um produto, um serviço ou até sua escola de música. Pode ser algo grandioso, como *Just do it* – Apenas Faça –, que é um conceito de liberdade e motivação. Pode ser um conceito de cores e mensagens como o do artista Eduardo Kobra ou um álbum como o *Holy Land* do Angra, no qual há uma mistura clara da cultura brasileira com o heavy metal – tanto na música em si, como nas fotos e capa do CD.

3. ESTABELEÇA CONEXÕES

É importante saber transmitir o que você criou. Para isso, é preciso encontrar as pessoas certas, que tenham afinidade com seu trabalho, seus ideais e seus valores. Conheça profundamente o público – a melhor maneira é pela interação ao estabelecer um canal de comunicação direto

4. SEJA CONSISTENTE

É crucial manter-se coerente. Para um negócio e uma carreira de sucesso, é necessário desenvolvimento constante, apreciação do próprio trabalho e, ademais, ser generoso, pois a moeda de troca nem sempre é igual. Tudo isso é fácil se estiver fazendo aquilo que gosta. Muitas vezes, para as coisas darem certo, você precisa se doar mais do que a outra parte, não é o 50-50 ideal. Você entra com 51% ou mais, mas está tudo bem, pois gosta do que faz, sabe que colherá os frutos de ser genuíno e generoso se esforçando em todas as suas empreitadas. Esses predicados são fundamentais para que sua carreira aconteça. Seja sempre genuíno, incansável e generoso.

Um bom exemplo para falar sobre autenticidade e autoconhecimento é o do escritor brasileiro Paulo Coelho, que, desde o começo da sua carreira, se posicionou e se manteve fiel ao que acreditava. É muito comum ouvirmos críticas, especialmente nos meios mais especializados, sobre o que alguns artistas produzem. E Paulo Coelho, um letrista e parceiro de Raul Seixas, que transitou da música para a literatura, é um bom exemplo disso. Um dos maiores sucessos editoriais do Brasil, traduzido para mais de oitenta línguas, vendido em 170 países, chegou à marca de 200 milhões de livros vendidos mundialmente e, ainda assim, é fortemente criticado, tanto nos meios acadêmicos quanto pela crítica literária.[33]

As críticas em relação à sua obra estão diretamente ligadas ao seu estilo de escrita, uma narrativa de fácil compreensão, sem muitos movimentos estilísticos, bastante direta e repleta de elementos místicos que já apareciam em suas composições. O engraçado é que justamente aquilo pelo que é criticado é o seu ponto forte, ou seja, seu conceito como artista é claro, definido e duradouro. O sucesso de vendas que acumula na carreira é fruto

---

33 DOMENECK, Ricardo. O que explica o fenômeno Paulo Coelho?. **Deutsche Welle**, Cultura, 24 ago. 2017. Disponível em: https://www.dw.com/pt-br/o-que-explica-o-fen%C3%B4meno-paulo-coelho/a-40210838. Acesso em: 16 mar. 2021.

de seu conhecimento complementar e sua paixão. Paulo Coelho fala para um público enorme, que vê em seus livros conselhos de vida e sugestões de caminhos a serem seguidos, com uma linguagem facilmente entendida e com histórias normalmente ambientadas em contextos de referências globais. Quem disse que toda forma de arte ou de produção criativa deve ser complexa? A autenticidade é o que o faz ser único.

INVESTIMENTO × RETORNO

Para começarmos a falar sobre investimentos e retornos, é fundamental perceber que a realidade, hoje, com a internet, é bem diferente para os artistas em geral. Investindo muito pouco, ou até de forma gratuita (orgânica), é possível alcançar pessoas de qualquer lugar. Mas atenção: você não precisa buscar o máximo de visualizações ou alcançar muita gente, esse é um erro que muitos cometem. Às vezes, gastam dinheiro e tempo da forma errada, buscando uma grande exposição, tentando se comparar a grandes influenciadores com milhões de seguidores e, como isso é difícil – mas não impossível – e leva tempo para alcançar, muitos desanimam e desistem antes mesmo de começar. Outro erro comum é superestimar o que você faz em um ano, e o contrário também acontece.

O que você precisa realmente é atrair as pessoas certas, aquelas que mais se identificam com o seu trabalho. Isso é o que faz a diferença, como ainda veremos mais adiante. Se você está só começando, tem poucos recursos e muito por fazer, esses três passos vão ajudar:

1. ATRAIR

Se você deseja ser um escritor e ainda não tem uma editora, se publica textos em um blog e ainda não sabe quando conseguirá publicar um livro, com certeza busca algum reconhecimento que abra as primeiras portas. Provavelmente, o melhor caminho para que o público tenha um primeiro contato com seus textos é por meio das suas produções avulsas, comentários em *posts*, ideias em blogs, publicações nas redes sociais...

Comece com um blog, exponha suas ideias na internet e seus textos como colaborador para outros sites, se inscreva em concursos de escrita, não fique esperando o telefonema da editora grande. Siga seu caminho desde já e entregue conteúdo artístico para o público. Não precisamos esperar ser escolhidos por alguém ou alguma empresa para levar nosso trabalho até as pessoas.

Se, diferente do primeiro exemplo, você deseja gravar o seu conteúdo, não precisa de uma câmera profissional ou equipamentos sofisticados para realizar uma primeira filmagem e divulgar suas ideias. Se você tem acesso, ótimo. Mas não pode ficar esperando as condições ideais para o time entrar em campo; tudo acontece a partir de alguma ação, então que seja agora! Use o próprio celular e apresente trechos da sua produção nas suas redes sociais, publique seus textos, suas ideias, o seu dia a dia, mostre sua jornada de aprendizado, colabore com outros do mesmo nicho e faça amizade com produtores de conteúdo sobre o mesmo tema ou no mesmo estilo. Em resumo, crie e exponha sem esperar pela aprovação de alguém.

Inicialmente, é preciso desenvolver o hábito de registrar sua performance, documentar seu dia a dia sem estranhamento. E, focado apenas nisso, sua rede de contatos, aos poucos, passará a enxergar você como um artista. O ensaio deixa de ser uma brincadeira, e você se compromete.

2. RELACIONAR

Ao estabelecer seu conceito e entender a dinâmica da produção de conteúdo, está preparado para avançar um pouco mais. Pode ser que a essa altura você já tenha sido convidado a participar da apresentação de alguma banda ou se apresentado no barzinho – grandes artistas começaram tocando para menos de dez pessoas, assim como você pode começar hoje recebendo vinte curtidas e cinco comentários na sua postagem. Sempre existe um ponto de partida. Como disse Milton Nascimento na música "Os bailes da vida": "Foi nos bailes da vida ou num bar em troca de pão que muita gente boa pôs o pé na profissão de tocar um instrumento e de cantar. Não importando se quem pagou quis ouvir". Hoje, muita gente põe o pé na profissão se posicionando na internet sem medo, em troca de engajamento.

Com as redes sociais e as próprias apresentações, você já produz conteúdo para reforçar seu conceito. Conforme a música se torna uma atividade séria para você, não mais uma distração, as pessoas a seu redor também o reconhecem. Nesse momento, cabe a você se relacionar com elas. Se seu perfil no Instagram tem menos de cem curtidas, a maioria de amigos, colegas de faculdade ou familiares, não tem problema. Não abandone os canais de relacionamento, por menor que seja o seu alcance. Para construir uma base crescente de seguidores, é necessário desenvolver uma rotina, uma frequência de conteúdos que chame atenção das pessoas. Enquanto está começando e tem um alcance menor, aproveite para interagir de forma personalizada com cada um. Estimule o contato com o público e saiba acolher o feedback, positivo ou não – isso lhe fará entender sua audiência e conhecer melhor o seu lado artista.

3. FIDELIZAR

E como produzir esse conteúdo direcionado ao público? Existem inúmeras formas, mas a mais eficaz é questionar, compartilhar músicas que marcaram a sua vida, dividir pensamentos e ideias, perguntar o que seu público acha, mostrar etapas do seu trabalho em andamento e pedir ajuda para decidir o próximo passo. Responda cada pessoa que interagir com você e, enfim, busque sempre entender por que gostaram daquele conteúdo disponibilizado.

A cada passo que as pessoas dão em direção ao seu trabalho, entregue mais exclusividade. É o momento de formar um grupo fechado, que receba a agenda de apresentações, vídeos exclusivos, respostas nos comentários etc. Estimule também o público a executar uma ação, seja pedir para clicar em um link (ou arrastar para cima, no Instagram), enviar um depoimento em vídeo, compartilhar um conteúdo nas redes sociais, comprar seu novo produto, adquirir na pré-venda os primeiros ingressos do seu novo projeto, investir no seu financiamento coletivo. No início, eu recebia cartas e tive o prazer de responder a muitas delas. Hoje, tudo se tornou mais fácil por conta da internet; por outro lado, a dispersão é muito maior. O ativo mais valioso para artistas e empresas é, sem dúvida, a atenção das pessoas. Não jogue isso fora.

Estabeleça o que você precisa para chegar ao próximo nível. Evoluir na técnica musical? Melhorar sua imagem? Profissionalizar o marketing? Saiba qual será o próximo passo e seja muito específico: defina datas, investimento necessário, quem pode te ajudar...

Se está começando agora, tem nas mãos uma grande vantagem: a oportunidade de começar do jeito certo. Se já deu início e, lendo essas dicas, ficou claro que cometeu erros, nunca é tarde para recomeçar e fazer tudo diferente. Lembra quando falei do desapego? Às vezes, é melhor recomeçar ou mudar o que realmente importa de forma definitiva do que permanecer em erros e achismos que não conduzirão a lugar algum. Quando se trata de criação, é doloroso admitir que talvez seu produto ou serviço não seja tão bom quanto pensava ou que não esteja tão pronto para alcançar o público. Minha dica para momentos assim é: tudo isso faz parte do trajeto de crescimento do criativo, tenha coragem! Coragem de abrir mão, de recomeçar e de fazer diferente.

Por mais clichê que esta frase anônima possa parecer em um primeiro momento, representa a mais pura verdade: "Insanidade é continuar fazendo sempre a mesma coisa e esperar resultados diferentes". Não se esqueça de que, para começar a investir em você e na sua arte, nunca é tarde demais. Comece hoje; se ainda não o fez, comece agora!

COERÊNCIA E ATITUDES

O marketing pessoal é importante para qualquer profissão, mas principalmente para artistas, que devem também se preocupar com a criação de conteúdo, com a forma de se conectar com as pessoas, com a precificação... Para isso, é indispensável prestar atenção na recepção do seu trabalho, como ele é percebido, como está o *branding*, a imagem. Qual é a sua proposta de valor? Como é a linguagem que você usa para se comunicar e para vender?

Cuidar de tudo isso é essencial, especialmente se pretende se desenvolver na profissão. Caso contrário, pode cair em armadilhas muito perigosas, principalmente no começo da carreira, como aquele impulso

AUTENTICIDADE E AUTOCONHECIMENTO 125

de aceitar qualquer coisa, baratear seu trabalho quando não consegue melhorar a proposta de valor, topar mudar o seu conceito, seu marketing, seu *branding*. Se começar a aceitar trabalhos não tão legais para sua carreira, pode acabar entrando em uma espiral decrescente até o momento em que perceber que ficou complicado viver da criatividade, porque não encontra formas de valorizar seu conceito.

Para que isso não aconteça ou, caso já tenha acontecido, seja possível mudar, é necessário desenvolver suas habilidades. Primeiro, você precisa ser um expert no que faz, tanto na execução quanto na performance, assim como tocar bem, compor bem e conseguir fazer um bom show. É preciso fazer bem feito e melhorar cada vez mais, encontrar voz e ritmo próprios. Quanto mais autêntico for, mais real e segmentado será o público alcançado, e você não competirá com quem faz melhor ou mais barato. Porque você é diferente, único. E não tenha a menor dúvida de que você tem vantagem sobre as pessoas que fazem tudo igual. De cópias e repetições, o mercado está saturado.

Ao se desenvolver, é fundamental estar muito, muito atento à coerência. Por quê? Teste rápido: quantos perfis você conhece de criativos que apresentam uma proposta inicial X e, no meio do caminho, mudam completamente ou até mesmo são contraditórios com a imagem que construíram inicialmente? Tenho certeza de que vários nomes vieram à sua mente. Isso é tão comum justamente pela falta da construção de identidade, marca e carreira. Muitos, influenciados por interferências externas, por vezes, querem se tornar especialistas de tudo, donos da verdade, e nem preciso dizer o resultado dessa falsa abrangência, né?

Pessoas reais, com vidas reais e problemas reais são as que mais se conectam com seu público. Em 2020, potencializado pelo isolamento social decorrente da pandemia do novo coronavírus, foram inúmeros os casos que viralizaram de crianças ou animais "atrapalhando" uma reunião, de pessoas que esqueceram áudio ou câmeras ligados em momentos inadequados e por aí vai. Sabe por que isso não afetou em absolutamente nada a carreira ou a imagem dessas pessoas? Porque tudo era real, espontâneo e até mesmo engraçado.

Este é o segredo da coerência: é preciso construir e divulgar uma imagem real, você em sua plenitude – o que compreende também seus erros e defeitos –, e não uma imagem que nada tem a ver com sua essência, porque, uma vez no mercado, mudar uma primeira impressão formada pelas pessoas é bem difícil e leva muito tempo.

Por isso, faça do jeito certo e evite desgastes desnecessários. Não se iluda acreditando que conseguirá sustentar no médio e longo prazo um personagem que não existe. Não há marketing ou investimento suficiente para encobrir suas atitudes e ações, por isso, seja coerente e honesto com o seu público. É o mínimo que qualquer criativo pode fazer.

O LEGADO DE QUEM É REAL

Recordo perfeitamente o momento em que percebi que cruzava a linha que separa ser parte do público, espectador, de ser o artista sobre o palco. Assistir ao show *versus* ser o show. Em vez de ouvir meus álbuns favoritos, passei a compor ideias para um novo álbum que pudesse ser, quem sabe, o favorito de alguém, buscando ser admirado da mesma maneira como admiro meus ídolos.

Longe no tempo, mas forte na memória, eu me lembro dos primeiros sinais de admiração recebidos quando o primeiro álbum do Angra alcançou a marca de disco de ouro no Japão. Eu, aos 21 anos, ainda morava com meus pais, em São Paulo, e recebia cartas de fãs com fotos, presentes, papel perfumado e desenhos do Pikachu e da Hello Kitty. Pareciam coisas das meninas da minha escola, quando tínhamos uns 10 anos, mas era a maneira de as japonesas demonstrarem admiração, carinho e afeto, e eu sempre respeitei muito isso.

Uma fã de Taiwan, país em que o Angra também conta com grande número de seguidores, enviava-me constantemente, por meio da caixa postal da banda, cartas e mais cartas contando sobre o seu dia a dia: fotos com a família, passeios com as amigas, sua profissão como professora de crianças e muito mais. Na época, eu achava estranho alguém expor sua intimidade sem outras intenções além de manifestar dedicação e

AUTENTICIDADE E AUTOCONHECIMENTO 127

admiração pelo meu trabalho. Hoje, com a superexposição das redes sociais, considero muito normal, mas, naquela época off-line, até pela dificuldade de uma carta atravessar o planeta, era surreal para mim. Até então, não me sentia o artista famoso, apenas me sentia o fã de música realizando o sonho de tocar guitarra como profissão.

O tempo passou, décadas de carreira, muitas lutas e batalhas, mas ainda me sinto confuso quando me deparo com tamanha dedicação de um fã – é como se eu estivesse longe de merecer algo assim, mas, ao mesmo tempo, tenho orgulho do que faço pelo reconhecimento. Recebi até uma tatuagem em minha homenagem, o que, para mim, possui um significado forte, uma decisão eterna que nunca consegui tomar. Essa homenagem veio da Argentina, e ver minha imagem desenhada para sempre no braço de outra pessoa foi incrivelmente poderoso. Já tive meu autógrafo impresso na pele de alguns fãs, o que já é impressionante; as capas do Angra foram amplamente utilizadas como temas das mais diversas tatuagens, e deu um orgulho imenso; mas ver meu rosto foi muito marcante. A primeira palavra que me vem à mente é responsabilidade, no sentido de manter minha postura e coerência artística para não decepcionar quem gosta da gente. Afinal, como disse o célebre Antoine de Saint-Exupéry em *O Pequeno Príncipe*: "Tu te tornas eternamente responsável por aquilo que cativas".

Tudo isso leva a um ponto importante: jamais estagnar! Mantenho-me na busca constante por aprimoramento, tento ser um pouquinho melhor todos os dias, ser verdadeiro com sonhos e vontades, ser verdadeiro com quem sou. Tudo isso contribui para o fortalecimento de uma autoadmiração e de uma força interior, e o resultado é a admiração vinda dos outros. Mas não é preciso esperar alguém tatuar o nosso rosto para adquirir essa responsabilidade. A busca pelo aprimoramento, por ser uma pessoa melhor todos os dias e por ser verdadeiro com a nossa identidade é essencial para todos artistas e precisa ser constante, diária, pragmática.

Pensando nisso, é impossível dissociar tudo o que fazemos na vida do legado que deixamos. Como criativos então, nem se fala! Quem cria algo sempre o fará tentando alcançar o maior número de pessoas possível e, quem sabe, permanecer durante décadas ou mesmo séculos como referência.

Mas muita gente não reflete sobre isso e acaba não deixando nada para ser lembrado. Na maioria das vezes, essas pessoas não encontraram um propósito para suas atitudes e sua vida. Só podemos deixar um legado positivo e relevante quando descobrimos nosso propósito, traçamos um caminho até ele e o seguimos. Se você sentiu um leve desconforto ao ler essa afirmação, talvez esteja passando da hora de investir em você e no seu trabalho artístico. Pelo que você gostaria de ser lembrado?

Comece por aí, o que te inspira a ser melhor ou te motiva a continuar produzindo? Se tiver essas respostas claras, suas criações deixarão legados reais. Imagino que os músicos ou escritores hoje considerados lendários ou clássicos não desenvolveram seus produtos com essa intenção. Aliás, um reconhecimento desses leva anos para acontecer – às vezes séculos, e, muitas vezes, os artistas já nem estão mais vivos para o receber. Porém, certamente eles sabiam que tinham concretizado ideias ousadas, projetos dos quais se orgulhavam por si só, e este já é motivo suficiente para qualquer criativo.

Não existe nada mais recompensador do que chegar ao fim de uma criação e se sentir orgulhoso. E você, como será lembrado pelas pessoas próximas a você ou as não tão próximas que o acompanham nas redes sociais, por exemplo? Qual é o seu legado?

MAIS DO QUE CRIATIVO. SEJA UM SOLUCIONADOR

No mundo, sempre existiu espaço para aqueles que sabem resolver em vez de só enxergar dificuldades e problemas. Essa lógica nunca vai mudar. Quem são as pessoas que se destacam atualmente no mercado? Pesquise em qualquer área e verá que são aquelas que não cruzam os braços, mas que transformam as dificuldades em molas propulsoras para superar qualquer desafio em seus caminhos.

Quem cria tem esse poder nas mãos, de fazer diferente, de imprimir a sua verdade e de construir algo em que realmente acredita. Quem são as

AUTENTICIDADE E AUTOCONHECIMENTO 129

suas referências? Elas têm perfil solucionador? Quais foram as estratégias desenvolvidas por elas no início da carreira? Elas permanecem criativas? É preciso observar. O que seu público compra, do que ele precisa? Uma vez obtidas as respostas, é o momento de se movimentar. Não adianta criar o que for e guardar só para você. Mais do que um criador, é necessário ser um solucionador de problemas.

De coisas por fazer, o mercado está cheio, mas de quem se propõe a pensar em soluções tangíveis para problemas específicos... esses sempre terão espaço garantido! Vou fazer uma analogia bem simples: acredito que quase todo mundo, em algum momento, já passou por um processo seletivo para uma vaga de emprego, uma conversa para ser aceito em uma banda ou uma reunião para conseguir um trabalho *freelance*. Independentemente da área ou profissão, certamente os entrevistadores destacaram que proatividade seria fundamental para a vaga em oferta. Isso porque o mercado em geral está cansado de gente passiva, que espera, que apenas recebe ordens e que não passa de "cumpridora" de tarefas. Ser proativo nada mais é do que ser esforçado para que algo aconteça. Uma pessoa com esse traço na personalidade assumirá um comportamento antecipado para cada situação.

Recordo que, em 2001, eu e o Rafael Bittencourt resolvemos ir para o Midem (Marché International du Disque et de l'Edition Musicale), uma das mais tradicionais e representativas feiras internacionais de música, já muito conhecida na época, realizada em Cannes, cidade da França, com toda a pompa que você pode imaginar. Essa feira é voltada principalmente para gravadoras, editoras e distribuidoras, ou seja, éramos, provavelmente, os únicos músicos ali. A banda não estava muito bem na época e gostaríamos de entender melhor o universo business para tentar nós mesmos fecharmos as parcerias, por isso fomos. Fiquei surpreso ao ver, na prática, como as negociações aconteciam, nem um pouco relacionadas ao lado artístico e lúdico das bandas, apenas contratos e dinheiro. Ali, entendi o que representava tangibilizar a arte. Eles não negociavam um artista ou uma banda por ser o melhor ou o mais preparado, mas por ser o numericamente mais atraente – quantidade de cópias, porcentagens de comissão, favores trocados entre os empresários, enfim, nada relacionado às artes, era como um *day trade* de música.

Compartilhei essa história para mostrar que, em diferentes momentos, será necessário adentrar em um ambiente desconhecido para entender o que ainda não fez ou melhorar o que está fazendo. Ser um solucionador é estar disposto a se adaptar ao mercado para continuar gerando e entregando valor com o que você faz. Dessa experiência, consegui absorver novas percepções e, a partir delas, conceber novas ideias sobre o que poderíamos fazer, não apenas enquanto banda, mas principalmente como empresa.

O profissional do presente e do futuro, seja ele um criativo ou não, nada mais é do que um solucionador, alguém disposto a tentar melhorar qualquer cenário em que esteja inserido. Para que isso seja possível, é preciso adotar a resiliência e enxergar o mundo em 360 graus. As possibilidades estão disponíveis para todos, mas apenas alguns as percebem e fazem de um problema uma oportunidade.

Um exemplo que ilustra tudo isso é o da Anitta, que saiu de Honório Gurgel, bairro na periferia do Rio de Janeiro, e alcançou os palcos do mundo em menos de uma década, com uma carreira meteórica. Pode gostar ou não da música dela, o foco aqui é exclusivamente a sua estratégia e gestão de carreira. De forma muito consciente, a cantora tem dado importantes passos e chegou onde poucos artistas populares brasileiros chegaram, e isso deve ser, sim, considerado. Nos últimos anos, passou de cantora de funk a um dos principais nomes do pop brasileiro, agora focada no mercado internacional, no qual também tem conseguido destaque.

A cantora poderia ter enxergado apenas os problemas, as dificuldades que enfrentou na infância. Poderia ter se contentado com uma atitude passiva, lançado funks na sua comunidade e esperado por algum empresário ou parceria importante que a lançasse no cenário nacional. Mas o que ela fez? Arregaçou as mangas e foi atrás do que queria, utilizou o que tinha na época e tratou logo de construir sua imagem. E a resposta para esse sucesso está em seu profissionalismo, que nunca deixou espaço para improvisos.

AUTENTICIDADE E AUTOCONHECIMENTO 131

O que quero dizer com isso? Cada passo da sua carreira é extremamente calculado, bem como as respostas que dá em entrevistas são elaboradas para não interferir em sua estratégia de marketing. Lembra, lá atrás, quando comentei que ela é estudiosa? Ela mesma afirmou isso em inúmeras entrevistas. Se você pesquisar sobre ela, os principais resultados estarão atrelados a empreendedorismo e carreira, uma verdadeira disrupção de um início de carreira voltado apenas a cantar funk.

Ao fazer isso, Anitta passa a mostrar outra faceta, a da mulher contemporânea. Olha ela aí criando um novo mercado e nicho! Se antes atingia um público muito restrito em função do seu estilo musical e posicionamento, agora ela passa a falar com os fãs de forma mais abrangente. Inteligente como é, sempre soube que a beleza por si só não sustenta uma carreira longa. Por isso, estrategicamente, aproximou-se de investidores e empresas para mostrar que, além da aparência, ela é também empreendedora, fala diferentes idiomas e tem um pensamento de expansão global – transitando bem em mercados internacionais.

A cantora sabe que, alcançando um público de classe mais elevada, pode lançar produtos *premium*. Desenvolveu esse paralelo em sua palestra sobre empreendedorismo na Universidade Harvard, na qual Jorge Paulo Lemann, um dos homens mais ricos do Brasil, a assistiu na primeira fila e aplaudiu de pé. Seu público a considera moderna e inovadora, e ela consegue, inclusive, levar o seu estilo da periferia para uma outra realidade. Ao adotar novas posturas e construir uma nova imagem, pode continuar criando novos produtos, uma legítima solucionadora que não enxerga os problemas, mas as oportunidades.

O criativo deve sempre valorizar a ousadia. Arriscar é algo necessário para crescer no meio artístico. É claro que nem sempre ousar dá muito certo – como é o caso dos memes virais de Kanye West cantando Queen e Jonas Brothers ou o sertanejo Eduardo Costa solando uma guitarra –, mas é na ousadia que você aprenderá com os erros e se tornará mais preparado para o que der e vier. É se arriscando que você descobrirá seus pontos fortes e os fracos e esse autoconhecimento o ajudará a formatar e lapidar a sua identidade artística.

O melhor jeito de nos defendermos da nossa ignorância é atacando-a. Por exemplo, para muitos criativos, o ambiente natural pode ser o palco, mas precisam utilizar o YouTube, plataforma que não têm domínio. Um escritor tácito e resguardado terá que se apresentar em público para dar uma palestra ou interagir com seus leitores nas redes sociais. É preciso aprender a perder o medo de arriscar novas frentes e novas linguagens para expandir sua carreira e não ficar para trás. O mercado não vai mudar por você e suas predileções, então não é mais fácil se adaptar e entender as tendências?

Tome Leandro Karnal ou Mario Sergio Cortella como exemplo. São referências como pensadores contemporâneos e filósofos, profissionais que, inicialmente, você não ligaria ao mundo digital, mas que acharam a linguagem e a forma de se comunicar com seu público nos tempos atuais por meio das redes sociais. Ambos têm muito conhecimento, histórias e vivências a que as pessoas querem acesso.

Na verdade, qualquer criador precisa se inspirar nesses exemplos. Se você for um criativo com mais idade e sem presença na internet, algum vídeo do Mário Sergio Cortella pode inspirá-lo a entrar com mais segurança no mundo das mídias sociais. Não precisa ser necessariamente um representante da sua área ou alguém que faça algo parecido com você. É um exercício para você enxergar as tendências macro de mercado e não adotar a negação como política de ação. É ponderar sobre o que pode ser feito e fazer do seu jeito. Quando você parar de encontrar problemas e passar a encontrar soluções, alcançará resultados.

O QUE TE INSPIRA A SER MELHOR OU TE MOTIVA A CONTINUAR PRODUZINDO? SE TIVER ESSAS RESPOSTAS CLARAS. SUAS CRIAÇÕES DEIXARÃO LEGADOS REAIS.

PARTE III

A liberdade

CAPÍTULO 5

O SEU PROPÓSITO A SEU FAVOR

Agora que entendemos os sonhos e a construção da carreira, nesta terceira parte do livro, aprenderemos a conquistar a liberdade intelectual e financeira. Para isso, vou mostrar como fazer para que seu propósito e talento mudem sua vida de forma definitiva.

Primeiro, trago algumas situações que, como vimos, não podem mais servir como justificativas. Se você não tem dinheiro e pensa que vai ser mais fácil para aquele que veio de uma família rica; se você mora em uma cidade pequena, longe da capital, e se conforma com o fato de ninguém ali gostar do estilo de música que produz; se culpa o mundo por ninguém entender seu jeito e por isso acredita que sua carreira nunca vai dar certo, calma, você não é o único! Porém, não pode permanecer com essa mentalidade se não quiser estar fadado ao insucesso. Pessoas com resultados gostam de se cercar de pessoas positivas, otimistas e que enxergam as possibilidades de crescimento e abundância. Pensar negativamente o afasta de grandes oportunidades.

Se suas condições realmente não são favoráveis no momento, provavelmente você terá de se esforçar um pouco mais do que outros em situações mais confortáveis. Mas qual é o tamanho do seu sonho? Qual é a intensidade do seu desejo? Ele é sincero? Se você realmente tem um propósito e se esforça, irá alcançá-lo. Pode até se tornar referência na sua área quando realmente encontrar o que te estimula, se dedicar para isso e criar algo significativo.

É claro que uma decisão assim requer muita coragem, principalmente quando envolve sair do emprego tradicional para viver da própria produção artística. A segurança de uma renda mensal fixa, acrescida de todos os benefícios, é muito valorizada. Lembra quando falamos, no início do livro, sobre as convenções definidas pela sociedade? Não é fácil nadar contra a corrente, nunca foi. Com as transformações do século XXI, entretanto, a ideia de ter algo "garantido" já perdeu muita força. Abra qualquer jornal e veja a quantidade de desempregados que temos no Brasil. Você pode argumentar que está em um emprego ótimo na empresa X ou Y, mas o que garante que você não será demitido neste ou no próximo ano, por exemplo? Não existem garantias. Acreditar nisso alimenta uma sensação de conforto, mas, quando acontece algo, como ser desligado daquele cargo, você fica sem rumo.

Por outro lado, a carreira artística, repleta de desafios e incertezas, pode se transformar em algo estruturado e que dependa apenas de você, assim ninguém poderá te demitir. Por mais que seja um mercado muito difícil para se estabelecer, construir bons relacionamentos e ter uma verdadeira conexão com o público, qualquer criativo de sucesso também já passou por isso e conseguiu chegar do outro lado. Se você está pensando em sair do emprego, mas ainda não tem certeza se valerá à pena, confira a seguir dicas essenciais para tomar uma decisão consciente e alcançar a liberdade financeira, tema deste capítulo.

Partindo do óbvio, todo mundo tem contas para pagar. Logo, essa não pode ser a desculpa para abrir mão de fazer o que gosta. Hoje, vemos muitas pessoas ganhando dinheiro com todo tipo de atividades, desde transmitir sua partida de videogame no YouTube, abrir consultoria de moda, oferecer serviços de *personal organizer*, dar aulas on-line de todos os tipos imagináveis de expressões artísticas, criar artigos exclusivos e artesanais para vender em mídias sociais até fabricar cervejas artesanais. Esqueça as carreiras do passado, aquelas dos nossos pais e avós, que passaram longos anos no mesmo emprego até chegar à aposentadoria.

Não existem garantias, e esse formato não funciona mais. As novas gerações permanecem cada vez menos tempo nos empregos e, segundo o professor Marcos Minoru Nakatsugawa, da Fundação Escola de Comércio Álvares Penteado (FECAP), alguns dos motivos para esse fenômeno são: "conflito de gerações, avanço da tecnologia, falta de ações das empresas para engajar esses profissionais e a busca por um propósito de vida que não pode ser atendido pelas organizações tradicionais".[34] O professor ainda complementa:

> Como orientador de carreiras, quando pergunto às pessoas que assessoro o que objetivam na vida, o legado que querem deixar à sociedade... geralmente, elas não conseguem responder. Vejo muitos fazendo movimentações de carreira por um ideal ainda não materializado. Há um ponto positivo, todavia, nessa busca por um propósito: o de que a pessoa acaba se desenvolvendo, de uma forma ou de outra.

Até mesmo o direito à aposentadoria está longe de ser uma certeza no Brasil de hoje. A questão é: você está pronto para bancar a decisão? É claro que precisa ter responsabilidade financeira, afinal, quando disser que vai sair do emprego para viver da criatividade, saiba que, provavelmente, sua família e as pessoas que mais gostam de você opinarão contra. Essas pessoas querem o seu bem e, na cabeça delas, convém evitar qualquer forma de risco. A maioria das pessoas não consegue enxergar que é possível viver da arte e ganhar o mesmo ou até mais do que em um emprego tradicional.

Como você já se deu conta, estabilidade realmente não existe; sempre que quiser alçar voos maiores, terá de abrir mão da falsa sensação de segurança, porque, na prática, ela não existe. Você pode escolher ficar e

---

34 ESPECIALISTA explica por que novas gerações ficam menos tempo em empregos. **Empresas e Negócios**, 10 nov. 2020. Disponível em: https://jornalempresasenegocios.com.br/destaques/especialista-explica-por-que-novas-geracoes-ficam-menos-tempo-em-empregos/. Acesso em: 16 mar. 2021.

ser demitido; a empresa pode fechar; você pode receber outra proposta mais interessante... não se apegue à fantasia de que passará o resto da vida no seu emprego atual ou de que a sua situação financeira de hoje é sólida, garantida.

Você se sente preparado para a realidade do mercado artístico e da economia criativa? Se sua resposta foi um imponente "sim", fico feliz! Mas você não deve decidir de maneira impulsiva. Mesmo que já ensaie ou até já se apresente, viver exclusivamente de música e de sua criação, por exemplo, é bem diferente. É preciso primeiro plantar para só depois colher os resultados. Será difícil no começo, mas pense nisso como uma travessia.

Como saber se este é o momento certo para sair do emprego? Talvez, antes de lançar seu nome, possa trabalhar em atividades diretamente ligadas àquela em que deseja ingressar. No caso da música, em alguma corporação da área ou em alguma gravadora, garantindo a oportunidade de entender o mercado e construir relacionamentos, por exemplo. Se deseja ser um escritor, tente um emprego em alguma editora ou procure vagas de redator; ações assim o aproximam de seu objetivo final de forma gradativa e mais consistente, porque permitem que você entenda o que é necessário. Se deseja ser um designer, ingressar em uma agência de publicidade e trabalhar diretamente com criação pode ser um bom começo. No início, infelizmente, vai ter quem queira se aproveitar da sua falta de experiência para lucrar, choverão ofertas para você tocar de graça em troca da "divulgação do seu trabalho" ou contratantes que não pagarão o cachê combinado previamente. Por isso, estar por dentro e entender o mercado em que pretende atuar é fundamental para se posicionar.

É importante deixar claro, ainda, que não existe nada de errado em optar por um emprego tradicional. Vivemos em uma sociedade complexa na qual são necessárias pessoas para as mais variadas funções. A grande questão é entender se você está realmente satisfeito com sua ocupação atual e se isso implica abrir mão de um sonho. Você tem afeição por aquilo que faz? Tem orgulho de contar a todos como ganha a vida? Trabalha em um ambiente agradável? Se sim, tudo certo. Seu sonho pode ser facilmente um hobby e tudo bem.

Se as respostas forem negativas, no entanto, este é o momento certo de refletir. É extraordinário conectar-se com o seu sonho, com aquilo que o faz se sentir vivo. Mas você não pode simplesmente torcer para que tudo dê certo. No seu planejamento – já sabe, é indispensável –, precisam estar claros os recursos necessários para alcançar seu objetivo: tempo, dinheiro e energia. Viver de arte não é uma eterna diversão, leva muitas pessoas à frustração. Não é desde o começo que fará o que quer e como quer. É preciso humildade e persistência.

Se está insatisfeito com o seu emprego, antes de qualquer coisa, precisa se perguntar se a solução não seria procurar uma posição em algum lugar novo. Porque criatividade é essencial para qualquer pessoa, mas não é qualquer uma que se adapta a viver exclusivamente dela e trabalhar nesse mercado.

Se, por outro lado, você tem certeza de que é isso mesmo que precisa, então deve começar quanto antes. E, sinceramente, espero que você esteja munido de informações e ferramentas suficientes para dar o *start* quando chegar ao fim deste livro. Se você tem certeza de que a carreira artística é o seu destino, qualquer coisa que esteja te afastando disso não vale à pena. Se a escolha de sair do emprego para viver de criação for realmente sincera, isso não tirará seu sono, não terá dúvidas sobre a necessidade de realizar jornadas mais longas de trabalho e não reclamará de trabalhar nos fins de semana, afinal, provavelmente, nem vai sentir que é trabalho.

Se é mesmo o seu sonho – e se está claro para você que é –, vale o esforço. O que você precisa é compreender o universo business e tratar sua arte como profissão. A boa notícia é que pode mergulhar nesse aprendizado antes mesmo de decidir se é ou não o momento de sair do emprego tradicional: pode fazer cursos virtuais disponíveis a qualquer hora do dia, por exemplo, ler livros, assistir a vídeos tutoriais sobre a área para que possa construir suas bases antes de se jogar. Decidiu pular de uma montanha? Ótimo! Mas não o faça sem paraquedas, aprenda a usar o propósito a seu favor.

SEU PROJETO COMO NEGÓCIO

Entenda de forma definitiva que precisa encarar sua arte como um projeto, como um negócio. Nós, criativos, precisamos saber separar bem o momento romântico da arte – criar, produzir, ser artista, seguir o fluxo de ideias – do momento do negócio – criação do produto, marketing, estratégia de venda, *networking* e todos os elementos relacionados ao business –, o que proporcionará mais momentos artísticos sustentáveis e longevos. Ou seja, é necessário dissociar o momento idealizado da arte e a sua execução propriamente dita.

Dentro dessa lógica, como transformar sua audiência em clientela e, posteriormente, em fãs? Fãs do Facebook não contam, não é um clique no "curtir" que coloca alguém nessa posição; um fã é aquele que acompanha seu trabalho, se conecta com seus ideais, segue você nas mídias sociais – o apoiando e o defendendo quando necessário –, recomenda seu trabalho, consome sua arte, passa horas na fila para te ver, e assim vai. O primeiro passo para alcançá-los é entender que o momento romântico é necessário, mas, para o negócio se tornar real e sustentável, precisa de conversão, de vendas. Não basta ter muito conteúdo e produtos se ninguém tem acesso a eles. A concretização de um projeto se dá com a primeira venda do produto derivado dele.

É claro, realizar a primeira venda é essencial para qualquer empresa, porém o foco deve ser a criação de produtos excelentes, capazes de emocionar o público na entrega e tratamento do cliente. Dentre as características do novo consumidor, a experiência de compra e consumo tem sido muito valorizada e ajuda a fidelizar os fãs. Assim, desde as primeiras vendas, você começa a consolidar esse público que, com o tempo e recorrência, passará de clientes esporádicos para clientes fiéis que ajudam a propagar a marca. Lembrando que esse cliente fiel precisará ser alimentado com novos conteúdos, produtos, promoções e todo tipo de novidades de tempos em tempos.

Pode parecer difícil partir do zero, virar um artista, manter o foco no business, conseguir sustento e ainda arrecadar o dinheiro extra necessário para reinvestir na sua carreira ou acumular patrimônio. No começo, é claro, vale tudo: tocar ali, escrever para fulano, vender uma pintura pessoalmente, participar de um evento como *staff* etc. Mas, com o tempo, precisamos de uma base de seguidores, além de quantificar qual parcela deles efetivamente gerará receita no seu negócio.

Antes de entender o funcionamento desse processo na prática, é necessário aprender outro conceito do mercado: o funil de atração de público e, consequentemente, de vendas. É um processo de seleção que funciona, como o próprio nome já diz, como um funil, com o topo largo e a base estreita. O topo de funil, ou fase de atração, representa a primeira etapa de contato e conquista de audiência, pessoas que futuramente poderão se tornar clientes e fãs. Essa é considerada a fase de conscientização, uma vez que esse público já se identificou com a produção artística e se interessou por você e pela sua criação. Nesse momento, você fala com o maior número de pessoas e precisa convencê-las a optar pelo seu produto, e não pelo do concorrente.

A segunda etapa desse processo está atrelada à descoberta. Alcançado um tráfego considerável de visitantes no topo, você precisa desenvolver um relacionamento com eles, seja através de redes sociais, blogs, *newsletters*, vídeos ou qualquer outra ferramenta que permita demonstrar o que você faz e como. À medida que essas mensagens são enviadas, o público que reage a elas é um possível consumidor, um *lead* qualificado. Perceba que o funil se estreitou. Em geral, para alcançar esse estágio, são enviados conteúdos específicos sobre um ou mais assuntos que provoquem o interesse do potencial consumidor no produto, conduzindo-o até a base do funil, quando ele efetua a compra.

Para que não restem dúvidas sobre o processo, apresento-o em um exemplo prático: se pretende vender aulas de música para crianças, qual seria a comunicação de topo de funil? Primeiro, é preciso definir o público-alvo da campanha, isto é, qual a faixa etária das crianças que podem fazer as aulas e quem toma a decisão de inscrevê-las nesse tipo de atividade, que, neste caso, são os pais ou responsáveis. Uma boa comunicação para topo de funil seria, por exemplo, divulgar nos meios selecionados os benefícios dessas atividades na concentração das crianças em geral, mesmo as superativas e agressivas; apresentar informações relevantes e de interesse do público, um estudo científico, por exemplo, que evidencie cinco benefícios para crianças com esse ou aquele comportamento. Textos e comunicação desse tipo atraem um público que se identifica com o problema e está buscando alguma solução. Na sua comunicação, você mostra o seu serviço como uma solução, pode ser música, desenho, judô ou qualquer outra atividade.

A comunicação de meio de funil, nesse caso, será direcionada a pais que já reconhecem a música como um ótimo caminho, mas precisam entender suas especificidades, se o mais indicado seria o piano clássico, a guitarra, a percussão ou o vocal. Por fim, após determinarem o melhor instrumento para a personalidade da criança, é preciso chegar na base do funil, ou seja, evidenciar o diferencial do seu produto, convencendo os pais a matricularem as crianças nas suas aulas, e não em outras escolas concorrentes.

Ao entender as três etapas do funil, sua comunicação não fica confusa ou rasa, com postagens e textos voltados apenas para a venda do seu produto final. É necessário trabalhar o conteúdo e educar o público para que ele chegue até o seu produto, caso contrário, o resultado não será tão bom. Nesse estilo de marketing, quanto mais conteúdo sem intenção de venda, melhor, mas claro que a oferta e a venda devem acontecer em algum momento, de forma estratégica. Se pretende vender aulas de guitarra e não sabe como começar, utilize, por exemplo, o Slash, um dos guitarristas mais conhecidos da atualidade; mostre vídeos, memes, histórias relacionadas a ele etc.

Para o público no topo do funil, chame atenção dos fãs do Slash. Para o meio do funil, selecione os que gostam de rock e guitarra, toque os solos do Slash, comentando sobre eles, poste um vídeo *react*, enfim, mostre que você conhece o estilo e sabe as técnicas. Finalmente, para a base do funil, mostre que você consegue ensinar como tocar como o Slash e que tem um curso e um link para esse produto.

A nível de conhecimento, outro conceito para ter em mente, oposto ao de funil, porém não excludente, é o conceito de esteira, de linha reta.

Enquanto o funil se baseia em capturar o máximo de pessoas interessadas em um assunto relacionado ao seu e, em etapas, selecionar aquelas interessadas na sua mensagem e no seu produto, a linha reta propõe anunciar e aparecer já erguendo barreiras de entrada, sejam elas preço, localidade ou formato do produto, para capturar diretamente o público comprador.

Agora que entendeu o funcionamento dos conceitos e sabe como atrair sua audiência, vou apresentar a pirâmide para construção do negócio voltado ao público. Uma vez conquistado seu nicho, para aumentar seu faturamento, é preciso investir no *upsell*, ou seja, em oferta de produtos mais caros e mais complexos. Para aqueles que não conseguem adquirir tal produto, você pode manter a opção inicial e mais barata, o *downsell*, como uma forma de não perder essa audiência. Muitas vezes, o *downsell* é usado para cobrir os custos de promoção, marketing e produção, deixando a venda do produto principal e seus *upsells* totalmente livre de custos.

Um show, por exemplo, apresenta barreiras de local, data, horário, preço, hospedagem etc. Quem está ali é realmente fã do artista, pois ultrapassou todas essas barreiras para consumir a arte. Dentro do show, há inúmeras ofertas de *upsell*, produtos novos e mais caros do que os já ofertados anteriormente, como pacotes VIP, encontro com o artista, venda antecipada para o próximo show e assim por diante.

Um palestrante pode fazer o mesmo: atrair o público ao auditório com o ingresso mais barato – ou até de graça – e, ali, preparar o *pitch* dos seus cursos, mentorias, assinaturas etc. Quando o fã já estiver no show, na área VIP, no *meet and greet*, na sala de autógrafos, pode ainda comprar o acesso ao palco para assistir algumas músicas, um *upsell* do *upsell*. Tudo isso estrategicamente pensado de acordo com o que o público gostaria de experienciar. Uma entrega maior, mais exclusiva, não se trata apenas de venda, deve também atender as necessidades do consumidor, do relacionamento construído, e, para isso, é necessário conhecer o perfil e as preferências do público e surpreendê-lo sempre que possível.

Imagine quantos shows, álbuns, camisetas, ingressos VIP e inúmeros outros produtos uma banda como Iron Maiden, U2, Muse ou Megadeth não produzem em toda a sua trajetória. Por isso a importância da constância nas produções artísticas, sabendo que cada uma deve ter seu resultado positivo, mas é a coletividade que trará o estabelecimento da marca e, consequentemente, longevidade no que diz respeito a produtos, shows em festivais, turnês etc.

Entender o funcionamento dessa pirâmide, escala ascendente ou esteira de produtos é essencial para começar a projetar números e considerar os tipos de produtos que o seu público procura, além do ticket médio de cada um. O primeiro passo é conquistar a atenção do seu nicho. O primeiro retorno que receberá pela sua produção artística não será financeiro, e sim a atenção, vinda em forma de curtidas, comentários, inscrições, compartilhamentos.

A partir dessa interação e troca constante, é possível dar início às vendas do chamado produto de entrada, ou "produto base", seja ele o ingresso do show, a música no *streaming*, a consulta, a aula de pintura etc. Pense na oferta mais barata para garantir essa venda. Na internet, é possível vender inúmeros produtos de ticket baixo; dê preferência para algo escalável e de baixo custo de produção e entrega, como ingressos, partituras e e-books. Já entrou em um site e apareceu um *pop-up* oferecendo um e-book? Um treinamento gratuito? Um livro para o qual só pagaria o frete? Uma aula experimental? Acesso a uma palestra grátis? Ao ofertar esse produto "gratuito", você se aproxima do seu público e começa a efetivamente se relacionar com ele. Essa estratégia permite o cadastramento de novos contatos, por meio da realização de um preenchimento simples com dados de e-mail ou telefone. Dessa forma, você consegue abordá-los futuramente por meio de lista de e-mails, anúncios direcionados, grupos de WhatsApp etc. Ninguém baixa um e-book ou se cadastra em uma palestra de um tema pelo qual não tem interesse.

Com o tempo, experimentando ofertas e produtos, analisando a recepção do público, entendendo o que ele quer, você determinará a porcentagem de conversão – termo muito utilizado no marketing digital, que nada mais é do que levar o seu público a cumprir uma determinada ação que tenha um valor mensurável para o negócio, ou seja, uma oportunidade real de venda –, transpondo a retribuição em atenção para uma retribuição efetivamente financeira.

Entendidos os conceitos, agora vou mostrar como transformá-los em faturamento. Basta ter mil fãs: se todo mês você vender um produto de 10 reais para mil fãs, terá uma entrada de 10 mil reais mensais. Esse raciocínio é bem simplista, mas ilustra bem o fato de que não é necessário ter milhões e milhões de seguidores para que uma carreira seja sustentável. Existe, inclusive, um livro, *1000 True Fans* [1000 Fãs de Verdade, em tradução livre], do norte-americano Jongo Longhurst[35] que desenvolve melhor esse conceito.

Claro que é preciso contabilizar o imposto sobre esses 10 mil, o custo da produção, o investimento em anúncios, remunerar quem está trabalhando com você. Mas, considerando que seja algo digital, com custo tendendo à zero, sem entrega física e com venda orgânica, sem anúncios pagos, essa conta faz sentido e permite uma renda bem acima

---

35   LONGHURST, Jongo. **1000 True Fans**: Use Kevin Kelly's Simple Idea to Earn A Living Doing What You Love.[s. l., s.n.]: 2017.

da média no país. Quantas pessoas do seu convívio ganham mais de 10 mil reais por mês? Lembrando que, ao propor um produto escalável, com baixo custo de entrega e de fabricação – principalmente produtos digitais –, não seria distante da realidade trabalhar para multiplicar esse resultado por dez vezes, ter uma receita de 100 mil reais mensais e, depois, o céu é o limite.

É importantíssimo levar em conta que a conversão de venda para *mailing* será de 1 a 10% de retorno, podendo ir um pouco além dependendo da oferta, preço ou novidade. Assim, em uma situação otimista de conversão de 10%, para você garantir as mil vendas, precisará de 10 mil seguidores e uma boa campanha de e-mails, vídeos e outros materiais de divulgação.

Já se a conversão for de 1%, no outro extremo, é melhor se garantir com um *mailing* de 100 mil pessoas. Porém, não se preocupe, a conta não é tão ruim assim, pois, com o conceito de pirâmide e esteira de produtos, parte desses mil fãs também comprará outros produtos artísticos de maior ou mesmo valor que você ofereça, seguindo para o topo da pirâmide. O segredo é saber desenvolver os produtos *upsell* para o público disposto a pagar por mais e os produtos *downsell* para quem não consegue ou ainda não está convencido a pagar o preço mais elevado. Todo grande artista ou empresa faz isso.

Em um show, por exemplo, podemos oferecer os seguintes produtos: o ingresso, vendido em lotes de três ou quatro níveis de preços; o ingresso VIP, mais próximo ao palco; dentro da casa de show, o *merchandise* com uma série de produtos, desde os mais simples, como fotos e pôsteres autografados, até algo *premium*, como experiências do tipo *meet and greet*, na qual fãs pagam, além do ingresso, pela chance de conhecer o artista pessoalmente. Enfim, quanto mais criativo, melhor. Esse também é o momento de pensar em produtos de brinde para tornar a experiência ainda mais satisfatória.

Quem nunca ficou curioso sobre como seria assistir a um show de cima do palco? Isso é um produto! O Megadeth vende a possibilidade de assistir do palco as três primeiras músicas do show. Vende também um jantar com a banda, aulas de música, tour pelo *backstage*. Bandas menores vendem até a possibilidade de o fã viajar com eles; e alguns conjuntos de jazz vendem ingressos para o público estar durante a gravação do álbum. O Megadeth também já vendeu ingressos para o fã acompanhar três horas de gravação dentro do estúdio. A criatividade não tem limite, e hoje, com a tecnologia, tudo ficou ainda mais fácil. É possível proporcionar essa mesma experiência on-line, por exemplo, por meio de ferramentas como o *close friends* do Instagram, que simula o VIP, permitindo encontros exclusivos on-line, chamadas individuais via Skype ou Zoom e até mesmo a participação do artista no trabalho do fã, gravando um solo de guitarra para um projeto dele ou escrevendo um prefácio para o seu livro.

Assim, é possível desenvolver níveis de produtos, como no exemplo anterior da pirâmide, oferecendo desde um ingresso para o show até um jantar com a banda ou vendendo os instrumentos usados no palco. Pense que podemos aplicar a lei de Pareto (ela de novo): cem pessoas pagam 100 reais, vinte pessoas podem pagar 500 reais e quatro pessoas poderiam pagar 2500 reais, por exemplo – claro que cada nível com seu produto. Na prática, isso é mais comum do que se imagina; se você já viajou de avião, por exemplo, já presenciou isso: existem assentos de primeira classe, classe executiva e a econômica; existe também a possibilidade de você realizar uma refeição oferecida pela tripulação ou comprar comida e produtos pelo duty free. Já no mundo criativo, enquanto a maioria dos fãs paga apenas pelo ingresso do show, há aqueles poucos dispostos a comprar a minha guitarra por 5 mil dólares.

A banda Kiss vende as guitarras e os microfones usados. Outras vendem a publicidade de alguma loja, político ou outra figura pública durante o show como se tratasse de um amigo próximo. Se você tem canais nas mídias sociais, tudo fica ainda mais fácil. A partir dos exemplos que já citei, quais seriam os produtos que seu trabalho poderia proporcionar ao público? Pense em opções para as três camadas: primeiro, só o reconhecimento; depois, um produto de entrada; a seguir, uma variação de produtos ainda acessíveis; e, por fim, itens mais caros e experiências exclusivas.

A imaginação não tem limites! Quanto mais exclusivo e único o produto, mais subjetivo o preço. Por exemplo, o Gene Simmons, baixista e cantor dessa banda lendária que é o Kiss, oferece uma visita a sua casa por 50 mil dólares. No mundo corporativo, jantares exclusivos com celebridades e CEOs podem custar 100 mil dólares ou mais.

Para quem está começando, isso pode parecer inaplicável, mas, guardadas as proporções, todo artista pode criar um produto *premium* ou uma experiência diferenciada. Quem gosta de música ou quer viver um pouco a vivência de uma banda, mesmo que pequena, pode, sim, pagar para frequentar ensaios, jantares, viagens, gravações ou até mesmo receber uma mentoria de um membro da banda. É sempre possível organizar visitas ou tours guiadas por você, com a sua expertise e curadoria, a um ateliê, um estúdio, um restaurante.

Um telefonema por semana, uma análise crítica do trabalho de alguém que se inspira em você... Nada disso tem investimento significativo, mas apresenta muito valor, principalmente pela exclusividade, afinal, você não jantará com estranhos todos os dias ou telefonará para um a cada hora, por isso é compreensível cobrar mais, pensando sempre na proporção 80% - 20% da lei de Pareto.

Tem sempre alguém buscando um produto ou uma experiência exclusiva. Monte a pirâmide de valores, faça uma lista do que você pode oferecer, trabalhe sua base de seguidores sempre adquirindo novos fãs com ações em redes sociais, campanhas de engajamento, aparições, investimentos em marketing de conteúdo e marketing de permissão (aquele que exige o cadastro do cliente para ofertas mais direcionadas).

LIBERDADE FINANCEIRA E CRIATIVA

Depois de ler os dois primeiros tópicos deste capítulo, certamente você, criativo, já tem indícios de como conquistar a tão sonhada liberdade financeira e, consequentemente, a criativa. Trabalhar, pagar as contas da casa, a fatura do cartão de crédito e guardar uma quantia todo mês para que, no futuro, os dividendos desse valor cubram o seu custo de vida ou até mesmo criar obras que geram royalties ao longo da sua vida: isso é liberdade financeira. É poder escolher o que quer fazer com mais tranquilidade, com quem trabalhar, que estilo imprimir na sua criação, ter a própria identidade e ganhar reconhecimento do mercado, gerando renda suficiente para cobrir seus gastos e ainda possibilitar investir tempo e dinheiro em lazer. Poder escolher viajar no fim de semana ou assistir a séries sem sair de casa sem que nenhuma das opções prejudique sua organização financeira.

O autor norte-americano Grant Sabatier, em seu livro *Financial Freedom*,[36] afirma que conseguir organizar suas finanças e guardar dinheiro proporcionará a flexibilidade de viver como você deseja. E é justamente com esse foco que trato a liberdade financeira, para que os criativos possam se sentir livres para se concentrar no que realmente importa: criar!

Para chegar nesse patamar, entretanto, é preciso investir para garantir que o dinheiro continue rendendo, por isso é importante lembrar sempre que parte do que você fatura precisa ser destinada a reinvestir em sua carreira, em conhecimento, *networking*, marketing e não esquecer de investir para que dividendos paguem seu custo de vida e, assim, você possa escolher o seu caminho. É claro que, no Brasil, as disparidades econômicas e sociais influenciam.

Sabe quando olhar sua carreira sob o viés business pode se tornar um problema? Quando entra em cena a síndrome de perseguição – quando aparece a ideia de que alguém (seu empresário ou a editora, por exemplo) está tentando tirar proveito de você. Ou quando você acredita que todo mundo do lado business da arte é malandro. Isso acontece quando você não tem conhecimento suficiente para entender que, assim como contou com a ajuda de um time, todos da cadeia precisam também faturar e dividir o crescimento. Se você se pergunta por que alguém que lançou um livro ou um álbum na mesma editora ou produtora que você alcança

---

36 SABATIER, Grant. **Financial Freedom**: A Proven Path to All the Money You Will Ever Need. Nova York: Avery, 2019.

números muito maiores que os seus, observe que ele pode estar fazendo coisas que você não faz: talvez tenha desenhado um contrato diferente ou, provavelmente, entrega mais valor que você. E isso não tem a ver com perseguição ou má sorte, mas trabalho duro e direcionamento. Liberdade tem a ver com atitude.

É preciso tomar muito cuidado com comparações. Liberdade é viver sua vida e suas conquistas, e não se comparar a todo momento com outras pessoas e o que elas conquistaram. Atentar-se a isso pode despertar sentimentos negativos, pessimistas e críticos em vez de inspirá-lo a correr atrás do que poderia estar fazendo de melhor.

Por volta de 1999, eu tinha 27 anos e, no meio da maior crise fonográfica, causada pela popularização do MP3 e quando o Angra estava se separando, comprei minha casa, porque já vivia a prospecção de vários projetos e dava sequência ao que eu já havia construído. Já em 2012, dei meu passo mais arriscado e mudei para os Estados Unidos. Na época, o Brasil enfrentava mudanças políticas, não tinha uma situação financeira favorável, e o dólar estava em alta, então mudei para um país novo com uma filha de um ano. Em plena pandemia do novo coronavírus, nos mudamos novamente, agora para a Finlândia, por uma questão de segurança para mim e minha família. Nenhuma dessas grandes mudanças durante períodos incertos me assustaram, porque eu tenho fundamentos e estratégias que não são facilmente abalados.

Dei meu próprio exemplo para mostrar que seu lastro enquanto criativo precisa ser maior do que qualquer crise. Quando se está realmente preparado e encontra sua liberdade financeira na venda dos seus diferentes produtos, não é necessário vender seu carro na primeira dificuldade ou falta de convites ou shows que aparecer para conseguir sustentar a família no próximo mês, porque estará seguro financeiramente e usará esse período de crise para estudar mais, produzir novos conceitos e produtos, sem desespero ou aperto.

Outra atitude essencial para alcançar a liberdade financeira é jamais assumir compromissos maiores do que consegue honrar no momento, isso é um tiro no pé. Não gaste mais do que recebe e não venda uma imagem que não pode sustentar. Dentro do que recebe, reserve um valor para segurança de, pelo menos, um ano, ou seja, guarde o valor do seu custo fixo mensal dos próximos doze meses para eventualidades.

É fundamental ter noção real da média de faturamento mensal, mesmo que sua renda seja variável. Vivendo três ou quatro meses do seu trabalho artístico, já é possível estimar a quantia mensal disponível, podendo, então, criar estratégias para se adequar ao orçamento e, se necessário, diminuir os gastos ou buscar caminhos para aumentar a renda.

Ao fechar um projeto maior ou receber mais em determinado momento, muita gente se empolga e acaba gastando ou até investindo tudo de uma vez na carreira (ou já quer criar a ilusão de que melhorou de vida), mas se esquece de que o ideal é planejar. Buscar não apenas o mês "salvo", mas, sabendo que a vida de um criativo tem seus ciclos, se preparar para o futuro próximo que pode se repetir e até trazer contas inesperadas, e é preciso tranquilidade financeira para conquistar a liberdade criativa nesses meses.

Criatividade e estabilidade financeira estão totalmente atreladas e, se bem estruturadas, uma serve como base para a outra. Com mais liberdade financeira para criar, terá mais chances de desenvolver produtos melhores, em qualidade e quantidade, e aumentará seu faturamento. Convenhamos, ninguém consegue produzir absolutamente nada com a cabeça cheia de preocupações. Contas atrasadas, cartão de crédito cancelado e despensa vazia não são estímulos para ninguém.

Com um bom planejamento, quase nada pode te abalar. Você trabalha, cria e mantém essa reserva, assim, em qualquer eventualidade, como ser demitido, bater o carro, ficar doente ou receber uma conta inesperada, não há desespero. Além disso, esse planejamento permite a você não topar qualquer coisa. Talvez não precise aceitar aquela quantia abaixo da média para tocar se considerar que ela não valoriza o seu trabalho. É esta liberdade financeira que qualquer criativo deve buscar, a que sustente a sua liberdade criativa, ou seja, o foco no que realmente é importante: criar, produzir, prospectar da maneira e com o estilo que você acredita.

Trata-se de construir uma estratégia sólida de acordo com o lugar em que se encontra, e não sustentar uma imagem que ainda não consegue manter, como se pretender ser um *rockstar* logo no início da carreira. É preciso muito trabalho para alcançar a liberdade financeira que permite, de fato, viver sua vida real com o padrão que idealiza. Por exemplo, se seu sonho é ter um carro X ou morar em um bairro glamoroso, não tome essas decisões sem antes se programar financeiramente para mantê-las. Do contrário, tudo isso se transformará em um enorme pesadelo e, sem dúvida, afetará sua carreira.

Você já ouviu falar da Pirâmide de Maslow? Trata-se de um conceito criado na década de 1950 pelo psicólogo norte-americano Abraham H. Maslow para determinar o conjunto de condições necessárias para um indivíduo alcançar a satisfação, seja pessoal ou profissional. Pretensioso, não? Mas o fato é que, até hoje, suas teorias são amplamente utilizadas, tanto na administração quanto no marketing. Ao colocar as necessidades humanas em hierarquia, essa ferramenta pode ser utilizada para entender as motivações e desejos dos indivíduos, e é isso que eu gostaria de explicar agora.

A pirâmide possui cinco níveis:[37] fisiologia, segurança, social, estima e realização pessoal, da base para o topo. Para Maslow, as necessidades do ser humano precisam ser saciadas de maneira hierárquica. Ou seja, antes de começar a pensar nas suas necessidades de segurança, um indivíduo precisa, necessariamente, contar com a satisfação de todas as necessidades na seção anterior. Percebe a conexão com tudo que falamos até agora?

Neste livro, estamos falando do cume da pirâmide, onde ficam as zonas de realização plena do indivíduo – a de autoestima e realização pessoal. Para chegarmos nesse estágio, é fundamental que a base da pirâmide – a zona de fisiologia, onde estão casa e comida – esteja garantida. Só assim é possível explorar os próximos níveis e chegar aonde você quer.

E, ao alcançar a liberdade intelectual, logo se revela a audácia, uma maior vontade de fazer e realizar, de se "jogar na fogueira", como costumo dizer. Entender qual é a sua verdade, o seu diferencial e se você está preparado para enfrentar o que for permite encontrar tranquilidade em meio às tempestades.

O MUNDO PRECISA DA SUA ARTE

Medo do sucesso? Medo da rejeição? Já comece logo! Esperar para quê? É comum ouvir: "Ah, quando meu trabalho estiver pronto, vou começar a divulgar". Como já disse, tudo é aprendizado, e refiro-me, neste momento, principalmente à vertente operacional, técnica e de comunicação. Quando resolver que está pronto para a divulgação e começar a fazer os vídeos, vai descobrir que precisa entender um pouco de edição, que o computador não aguenta, que falta uma luz melhor, um lugar silencioso, um cenário mais legal, um microfone sem ruído ou

---

37   A TEORIA de Maslow na motivação profissional. IBC, 26 jun. 2018. Disponível em: https://www.ibccoaching.com.br/portal/coaching-e-psicologia/piramide-maslow-motivacao-profissional/. Acesso em: 16 mar. 2021.

uma sala sem eco, enfim, uma série de elementos técnicos que precisa aprender, adquirir ou terceirizar.

Como o ideal, no início, é diminuir custos, comece com o que você já tem e, aos poucos, invista em equipamentos e conhecimento, enquanto seu trabalho artístico não puder pagar alguém para ajudá-lo. O aprendizado das ferramentas é bastante delicado, porque ou você logo aprende e se empolga ou comete erros e desiste. Caso você decida utilizar o YouTube, o IGTV, ou o que for para apresentar o conteúdo, saiba que toda plataforma tem suas nuances, formas de taguear, analisar métricas, entender os algoritmos etc. É preciso vivenciar a plataforma por um tempo para entender seu funcionamento e as melhores práticas – por isso não dá para esperar o trabalho estar 100% pronto e perfeito para começar a colocar a mão na massa.

Independentemente da plataforma selecionada, constância é a palavra-chave para você conseguir maior exposição e alcance. Faça o teste caso nunca tenha feito: crie o hábito de publicar alguma coisa sempre nos mesmos dias e horários, com uma frequência de pelo menos duas ou três vezes por semana, a depender, é claro, do seu trabalho e do público que quer atingir. Na verdade, duas a três vezes por semana é o mínimo, considerando que quem deseja "encontrar um lugar ao sol" precisa se preparar para postar algo relevante **todos** os dias.

As redes sociais funcionam como vitrines a longo prazo, por isso, quanto mais esperar para começar, menos conteúdo terá na sua. Sem contar que quanto mais cedo criar esse hábito, mais rápido pegará gosto e, quando se der conta, já será parte da sua rotina de tarefas, e você estará interagindo com seguidores e pensando em conteúdos novos.

O público será um outro desafio nesse momento. É preciso entender quem é o seu logo no início, quem é a persona com quem você fala. Provavelmente, você poderá inferir isso a partir da sua experiência na área em que atua, mas só com os resultados e interação das redes é que conseguirá definir com mais convicção. Meu público, por exemplo, eu sei que se enquadra na faixa etária de 25 a 35 anos e é 90%

masculino. Assim, posso imaginar um guitarrista de 28 anos com esses e aqueles gostos quando penso nos produtos que posso ofertar e até mesmo no tom utilizado no momento de me comunicar.

Conteúdo direcionado especificamente para o seu público é o mais indicado. Não tente ser generalista, pois o resultado será péssimo. Os seguidores e fãs sabem quando são apenas um número e quando recebem tratamento personalizado com abordagens com as quais se identificam. Por isso, é importante ter conteúdo para publicações semanais, feitas para seu público, com *headlines* e assuntos chamativos – e você perceberá, com o tempo, que esse material é uma arte à parte.

Todos esses compromissos não são apenas com seus seguidores, mas com você. O dia proposto para entregas não pode ser alterado, salvo exceções com motivos relevantes, claro. Se promete um vídeo novo para a próxima semana e não cumpre, tenha certeza de que seus seguidores saibam o motivo e a nova data. Como contar com eles para consumir seus produtos se não cumpre nem as promessas básicas que faz? É crucial organizar um calendário, com projetos definidos, ideias colocadas no papel com data para começar, executar e entregar.

Por mais que os empreendedores tenham a total liberdade de fazer seus horários, uma coisa é essencial: sempre cumprir os *deadlines*. Nós funcionamos desde a idade escolar seguindo datas e prazos definidos. Mantenha esse costume pois, sem isso, o tempo se torna elástico, e os projetos não avançam. É muito comum que ideias, mesmo as que nos empolgam, nunca saiam do papel. Também é comum começar a executá-las e deixar de lado, seja por procrastinação ou porque outra coisa apareceu, e, assim, nada é terminado ou entregue.

No mundo da música, no tempo em que as gravadoras ditavam o mercado, sempre tinham datas de lançamento determinadas, urgências de entrega e alguém, normalmente o produtor, encarregado de coordenar tudo para que a máster com os fonogramas fosse entregue na data. As maiores bandas dos anos 1970 e 1980 lançavam, em média, um álbum por ano. Era como um relógio, com os ciclos de lançamentos, épocas propícias, entregas nas lojas e tudo mais planejado com muita antecedência. Com o passar do tempo e com a pulverização proporcionada pela internet, todas essas linhas do tempo foram apagadas, tudo ficou mais líquido, as gravadoras perderam força, e a grande maioria dos artistas passou a se autoproduzir. Agora, vence aquele que consegue traçar um planejamento e entregar. Depende só de você.

Quando falamos de postagens regulares na internet, isso fica ainda mais evidente. Com um calendário de postagens, demarca-se um dia para o vídeo do YouTube, para programar os *posts* diários nas redes sociais, para o texto semanal no blog no fim de semana... O que for programado deve estar estruturado. A forma de executar o calendário varia, seja o Google Calendar, com notificações lembrando cada tarefa, seja a boa e velha agenda de papel, seja um quadro branco com lista de tarefas pendurado na cozinha ou até tudo isso junto, não importa! Experimente qual funciona melhor para você. Crie o hábito de executar um planejamento semanal.

Os projetos maiores, como escrever um livro, gravar um álbum, assinar uma coleção de roupas ou expor obras de arte, levam mais tempo para serem executados. Sem um bom planejamento, é muito fácil se perder ao longo do ano e nunca os terminar. Entretanto, ao se organizar, é possível abrir um espaço na agenda e focar esse projeto até a finalização, otimizando o tempo sem deixar que outros projetos entrem no meio e o distraiam do seu foco. Por exemplo, você pode se propor a deixar de sair por um mês e só voltar quando atingir sua meta de composições ou de páginas do livro. Vários escritores profissionais fazem isso.

Lembro que, em 1995, ainda no Angra, devido a um *deadline* imposto pela gravadora, a banda inteira se mudou para um sítio em Tapiraí, interior de São Paulo, para que a criatividade fluísse sem distrações – olha que nem tínhamos internet na época – e pudéssemos entregar as demos para o álbum dentro do prazo. Nos comprometemos a ficar lá até tudo estar composto, com visitas de amigos e namoradas só aos fins de semana. Ficamos dois meses em imersão e conseguimos finalizar todas as músicas. Foi um período incrivelmente criativo, que contribuiu para uma projeção mundial da banda e a gravação do álbum *Holy Land*. Obviamente, esse é um luxo que nem sempre é possível, por isso, é necessário sermos ainda mais metódicos na organização, para que um projeto maior seja executado em meio aos trabalhos do dia a dia.

Por exemplo, para escrever esta obra, me propus, nos períodos em que estivesse em turnê, a escrever cada dia ao menos mil palavras. Sabendo que um livro tem, em média, sessenta mil palavras, sabia que precisaria de sessenta dias no mínimo. As turnês costumam durar um mês, e, geralmente, organizamos três por ano em anos normais. Assim, foi possível me planejar para terminar a escrita sem pressão e sem precisar de um retiro.

Claro, eu já sabia que, em uma turnê, há muito tempo ocioso de deslocamento, muitas experiências, contato com pessoas e momentos para reflexão, por isso, um ambiente propício para realizar esse projeto ou, pelo menos, seu rascunho inicial. Então, durante as turnês, gravando o novo álbum do Megadeth, o meu solo e entre o lançamento de alguns cursos, fui escrevendo o rascunho do livro. A partir dele, e obviamente também com um cronograma definido, me dediquei à finalização, à organização, às correções, à capa, ao lançamento etc.

Na fase de criação, é preciso definir precisamente a execução do projeto – neste caso, o livro –, bem como dos projetos paralelos, que, para mim, foram continuar tocando, fazendo turnês, gravando álbuns, além de manter as postagens semanais nas redes sociais e organizar as turmas de cursos on-line. Cada atividade levando seu tempo definido, o que só um bom planejamento poderá ajudar a garantir, organizar e cumprir.

A disciplina é libertadora, pois tira o estresse de estar perdido entre uma série de ideias e projetos que nunca se realizam. Um livro marcante para mim foi o *Virando a própria mesa*, do Ricardo Semler,[38] que defende que você pode fazer o seu horário, que não precisamos trabalhar de segunda a sexta, enfrentar trânsito ou deixar para ir à

---

38   SEMLER, Ricardo. **Virando a própria mesa**: Uma história de sucesso empresarial made in Brazil. Rio de Janeiro: Rocco, 2002.

praia no pico do sábado à tarde se soubermos nos planejar. Com total organização e depois de alcançar a liberdade financeira e criativa, você poderá usar o benefício de fazer o próprio horário, ir ao cinema vazio em uma terça à tarde, focar o seu projeto em um sábado à noite e descansar na praia em uma segunda-feira.

A flexibilidade de horário não significa indisciplina. Pelo contrário, quanto mais você se enxerga como a própria empresa, mais saberá administrar sua carreira com eficiência, sem estresse e aproveitando o melhor de ser um empreendedor artístico. Disciplina é liberdade.

SEU LASTRO ENQUANTO CRIATIVO PRECISA SER MAIOR DO QUE QUALQUER CRISE. QUANDO SE ESTÁ REALMENTE PREPARADO E ENCONTRA SUA LIBERDADE FINANCEIRA NA VENDA DOS SEUS DIFERENTES PRODUTOS. NÃO É NECESSÁRIO VENDER SEU CARRO NA PRIMEIRA DIFICULDADE QUE APARECER PARA CONSEGUIR SUSTENTAR A FAMÍLIA NO PRÓXIMO MÊS. PORQUE ESTARÁ SEGURO FINANCEIRAMENTE E USARÁ ESSE PERÍODO DE CRISE PARA ESTUDAR MAIS. **PRODUZIR NOVOS CONCEITOS E PRODUTOS. SEM DESESPERO OU APERTO.**

CAPÍTULO 6

O UNIVERSO DIGITAL E SUAS INFINITAS POSSIBILIDADES

Não há pessoa no mundo que não tenha sido impactada pela transformação digital. Toda mudança cultural consequente dos consideráveis avanços das últimas décadas impõe um novo desafio, porque, além das variáveis inseridas a cada nova tecnologia desenvolvida, precisa-se levar em conta também o lado humano das relações. Essa transformação digital sustenta-se nos seguintes pilares:[39]

- **O CONSUMIDOR QUE SABE O QUE QUER.** Hoje, o consumidor tem todas as informações disponíveis, por isso, você deve estar ao lado dele para ajudá-lo e orientá-lo em sua decisão. Nunca foi tão fácil entender os desejos e preferências dos consumidores. Então, é fundamental que essas informações sejam aproveitadas e orientem todo o seu trabalho.
- **FEEDBACKS CONSTANTES.** Todos os artistas ou empresas cometeram, cometem e cometerão erros. Agora, há mais e melhores possibilidades de obter feedback da sua audiência, então aproveite-se disso corrigindo com agilidade, melhorando e qualificando o produto e sua mensagem da melhor forma para o público.

---

39   TRANSFORMAÇÃO digital: o que é, principais causas e impactos. FIA, São Paulo, 23 nov. 2018. Disponível em: https://fia.com.br/blog/transformacao-digital/. Acesso em: 16 mar. 2021.

- **ENTREGAS MAIS ÁGEIS.** Todos os processos de criação, produção, lançamento, obtenção de feedbacks e correções necessárias dos problemas devem acontecer de forma eficiente.
- **ADAPTAÇÃO ÀS MUDANÇAS.** As entregas e a comunicação precisam ser ágeis, porque os contextos mudam o tempo todo. Por isso, você precisa ter resiliência e, ao mesmo tempo, capacidade de flexibilizar processos e observar de perto o seu público.

É preciso entender, ainda, que todas essas mudanças se baseiam em uma lógica invertida. As tecnologias impactaram a vida em sociedade, o que, por sua vez, gerou um cenário em que as empresas precisam das redes para se adaptarem. Você já se deu conta de que a transformação digital é, portanto, consequência das mudanças ocorridas na sociedade, e não a causa? Para os artistas, essas mudanças permitiram novas possibilidades que pareciam muito distantes em outros tempos.

Nos anos 1990, o máximo que você conseguiria com investimento próprio era gravar uma demo para avaliação de selos e gravadoras, caminho que percorremos com o Angra para conseguir o contrato do nosso primeiro disco, lá em 1993. Gravar um álbum em um estúdio profissional era bem caro até pouco tempo atrás, mas, com o passar dos anos, gravar o próprio material com qualidade ficou mais fácil, permitindo o desenvolvimento de um produto (*single*, álbum, clipe) que ajude a fechar shows e conquistar fãs.

Ter um material de qualidade, entretanto, não é o único fator para desenvolver uma carreira sólida e viver de música. Na verdade, planejar e estruturar o seu trabalho com a cabeça de um empreendedor é essencial para se adaptar ao mundo sem grandes gravadoras – leia-se: um sócio investidor. Eram elas as responsáveis por criar campanhas de marketing, divulgar bandas e artistas e fazer todos os contatos necessários e toda a distribuição das músicas. Hoje, esse é mais um trabalho que precisa ser feito pelos próprios artistas independentes. Note que eu tenho mostrado isso em diferentes passagens do livro, porque uma empresa é, de fato, complexa e exige o entendimento de um funcionamento geral, mesmo que se trate apenas de você.

No meu caso, depois de vários anos estudando o mercado da música, percebi alguns pontos comuns a todas as bandas e artistas – tanto independentes quanto aqueles que contavam com o apoio de gravadoras – que conquistaram o sucesso em um mundo cada dia mais digital e que podem ser observados em qualquer área criativa, independentemente de suas particularidades. Explico cada um aqui:

1. PENSE EM TUDO E NÃO TERCEIRIZE SUAS RESPONSABILIDADES

Uma empresa ou carreira que não gera fundos não sobrevive por muito tempo. Aprenda a lidar com as finanças e organizá-las, a formalizar os acordos com seus parceiros e a precificar sua arte corretamente. Esses são passos básicos.

2. USE AS TECNOLOGIAS JÁ EXISTENTES PARA PROMOVER O SEU TRABALHO

Por mais que seja óbvio, sempre ouço pessoas reclamando de que "é sempre a mesma história, dizem que é postar conteúdo que vai levar sua carreira para frente". Você já parou para pensar quantas horas por dia você e seus amigos passam nas redes sociais? Eu mesmo dedico horas do meu dia ao Facebook e ao Instagram, interagindo e fazendo vídeos do meu dia a dia. Se não todo mundo, a grande maioria das pessoas que acompanham seu trabalho está ativa em diversas redes sociais. Não tem saída, invista tempo, observe quem está indo bem no seu nicho, adapte o que pode funcionar para você. Se puder e tiver verba, invista diretamente no marketing de divulgação dessas plataformas por meio de anúncios pagos em cada uma delas.

Crie eventos, convide amigos e mostre que a sua banda está ativa. Promova os ensaios, a produção, os eventos que você participa e até a repercussão na mídia. Crie posts para se comunicar com aqueles que perderam alguma apresentação, mas gostam do seu trabalho. Para os que estiveram presentes, tente prolongar a experiência para criar demanda para próximos eventos. Essa também é uma excelente oportunidade para se relacionar com os que ajudaram a realizar o evento, como promotores, a casa, patrocinadores, mídia e sites relevantes para divulgação.

3. TROQUE INFORMAÇÕES COM O SEU PÚBLICO-ALVO

Um dos principais ensinamentos do marketing no mundo digital é: sempre conheça o seu público. Se você ainda não tem uma audiência formada, é necessário entender o que o público de outros artistas do seu nicho está falando, gostando, pedindo, reclamando etc. Hoje, temos todas essas informações nas mídias sociais para pesquisar. Quanto mais você conhecer as preferências dos seus futuros fãs, mais fácil será entregar o seu trabalho para o público desse nicho.

4. FAÇA APRESENTAÇÕES E MAIS APRESENTAÇÕES! SE EXPONHA!

Nem sempre é fácil aceitar, mas é importante entender que, a princípio, as pessoas não estão interessadas no nosso som, no nosso texto, na nossa criação. E eu não falo isso de forma negativa. Se você for abrir o show de uma banda mais conhecida, é bem provável que as pessoas estejam lá para ver essa banda, mas é uma oportunidade para você conquistar novos fãs. Quanto mais shows você fizer, mais experiência vai ganhar e mais pessoas vão escutar as suas músicas – além, é claro, de gerar muito *networking* com outros artistas, produtores, técnicos, promotores e donos de casas de show. No caso da literatura, por exemplo, organize encontros literários, mesmo que, no início, tenha de ser na sua casa. Cultive contatos para o futuro, é sempre importante continuar em movimento, se apresentando e se relacionando com quem é da sua área.

5. CRIE UM (EXCELENTE) PORTFÓLIO ON-LINE

Se os seus futuros fãs estão ativos no mundo digital, você precisa disponibilizar seu trabalho por esse meio. Além deles, muitos produtores e festivais selecionam criativos para seus eventos analisando o material disponível on-line. Por isso, é necessário ter um portfólio bem elaborado e disponível na web, com todo o material e as informações sobre sua carreira reunidos em um site só. Algumas plataformas facilitam muito! Se você for um cantor *cover* de voz e violão, seu portfólio pode estar em um Instagram, por exemplo, no qual possa gravar, uma vez por semana, uma música do seu repertório. Em um ano, você terá 52 músicas curadas pela interação com seu público e um belo portfólio para mostrar a qualquer produtor de shows ou festivais, acompanhado de uma lista enorme de seguidores. Embora algumas pessoas ainda não se deem conta disso, atualmente, as redes sociais são um grande portfólio on-line. Uma regra básica é postar 80% do conteúdo com foco em relacionamento, ou seja, mostrar o seu dia a dia na produção artística e interagir com seus seguidores. Apenas os 20% restantes devem ser conteúdos de venda.

6. DISTRIBUA SEUS TRABALHOS POR MEIO DE PLATAFORMAS

Hoje, qualquer criativo consegue disponibilizar o seu trabalho em qualquer lugar, a qualquer hora, para qualquer pessoa! No caso da música, o Spotify se tornou a maior ferramenta de consumo e compartilhamento da atualidade. Um estudo chamado Power of Music,[40] realizado pelo próprio Spotify em 2016, traça as mudanças causadas pelo *streaming* no consumo de músicas e sugere a descentralização do controle do mercado musical e a aproximação das pessoas, já que também funciona como uma rede social.

Em menor escala, essa é mais uma forma de monetizar a sua arte. Os ganhos, mesmo que pequenos no início, ajudam a cobrir os custos de manter seu trabalho disponível em diferentes frentes. Quanto mais você trabalhar para aumentar o seu número de seguidores em cada uma das plataformas, existentes ou nas que ainda vão surgir, mais os seus ganhos vão aumentar. Ou seja, o que quero frisar é a importância e relevância de ter uma loja on-line para poder distribuir suas fotos, seus quadros, sua música, sua arte. Faça parcerias com plataformas de cursos para ter o seu curso disponível através de um link, enfim, deixe o seu material acessível.

E não vamos nos esquecer do poder do Google com o YouTube. As pessoas pesquisam o tempo todo por meio do Google, e vídeos que o algoritmo considera relevantes para a pesquisa sempre aparecem nos resultados. Sem contar que, diferente de outras plataformas, é um serviço

---

40 MAESTRO Billy. Spotify – Power of Music. 7 tendências em consumo de música digital. **Update or Die**, 30 set. 2016. Disponível em: https://www.updateordie.com/2016/09/30/spotify-power-of-music-7-tendencias-em-consumo-de-musica-digital/. Acesso em: 16 mar. 2021.

gratuito. Por isso, como criativo, crie conteúdo constantemente para esse "peso pesado" da internet.

7. INVISTA EM DROPSHIPPING MERCHANDISING

Vender produtos de merchandising com o seu logo ou sua identidade visual, como camisetas, produtos autografados e exclusivos, livros com capas personalizadas, cards colecionáveis etc., sempre foi uma maneira de artistas somarem a sua renda em apresentações ao vivo, por exemplo. Várias bandas em turnê tem um lucro equiparado ao do show apenas com o merchandising. Com a digitalização da relação com o seu fã, você pode potencializar isso vendendo produtos exclusivamente digitais, como e-books, partituras, cursos, videochamadas, ou, ainda, contratando empresas *dropshipping*, responsáveis pela logística de entrega e pagamento. Você pode começar hoje a vender seus produtos sem um investimento massivo em estoque e suprimentos.

Com tudo isso, podemos concluir que o mundo digital impactou e muito a forma de consumir e produzir arte, mas abriu muitas portas e democratizou as oportunidades, principalmente para artistas independentes. Cada vez mais, esses artistas possuem total controle criativo e financeiro sobre seus projetos. Por isso, minha dica final é: informe-se e faça uso de todas as ferramentas à disposição, desde aplicativos de gestão até produtos mais específicos e sofisticados para cada área.

PARIDADE E DIFERENCIAÇÃO

Entendido o cenário atual e todas as oportunidades que o mundo digital nos oferece, chegou a hora de pensar sobre a sua relação com os demais criativos do seu nicho. O que te faz ser igual? E o que te posiciona como diferente dos demais? Paridade nada mais é do que o mínimo que todos fazem em uma determinada área e que você precisa entregar também se quiser fazer parte dela. Logo, a diferenciação é aquilo que você entrega a mais, ou seja, o que só você tem e que pode ser considerado um diferencial.

O UNIVERSO DIGITAL E SUAS INFINITAS POSSIBILIDADES 169

Por exemplo, um bar que contrata bandas *cover* para tocar ao vivo e está habituado a lidar com quem leva o próprio figurino, equipamento, luz e equipe, sem que o dono precise se preocupar com mais nada. Se você quiser tocar nesse local, o mínimo que deve entregar é o que as demais bandas já fazem para ter a chance de conseguir seu espaço ali. Sem essa paridade, é impossível competir, porque não seria contratado.

Uma vez conquistada a paridade, é preciso buscar a diferenciação. Em alguns casos, ela pode até suprir uma falta de paridade, mas não confie nisso. Uma padaria que resolve se estabelecer na zona nobre de uma cidade, por exemplo, precisa, no mínimo, seguir os moldes dos demais estabelecimentos da região em relação a sua apresentação e seus produtos. Ao oferecer um pão especial, com uma massa desenvolvida por um chef com ingredientes e apresentação exclusivos e que os consumidores encontram apenas ali, alcança sua diferenciação.

Para uma marca tornar-se bem-sucedida perante seus concorrentes, é necessário definir corretamente seus pontos de diferenciação e de paridade. Reflita: qual é o seu diferencial? O que você consegue criar e que mais ninguém consegue?

Tome a Starbucks como exemplo. Como paridade, oferece produtos que qualquer outro bom café local ofereceria. Mas, para diferenciar-se, oferece o que poucos ou quase nenhum outro oferece: status. Busca ser o que chamam de *third place*, o seu terceiro lugar além da sua casa e da sua escola/trabalho. Para onde mais você gostaria de ir e se sentir bem? Para a Starbucks! Os outros cafés, antes da Starbucks aparecer, baseavam-se no fato de que tomar café era um jogo rápido, em qualquer lugar, e não com um supersofá no melhor ponto da cidade e com Wi-Fi grátis. Ela seguiu o caminho oposto do seguido pelas fast-foods.

Em uma Starbucks, você pode trabalhar, estudar, realizar uma reunião ou apenas passar o tempo. As pessoas pagam muito mais caro para estar ali. O café, em si, pouco importa, mas o ambiente, a experiência, ter seu nome escrito à mão pelo atendente em um copo personalizado, tudo isso contribui para a sensação proporcionada e apreciada pelos consumidores, a sua diferenciação. É a forma como você apresenta seus produtos e agrega valor a eles.

Grandes empresas mundo afora já entenderam isso e passaram a gerar valor em cima da experiência de consumo. Note a música como uma commodity enquanto toca em um bar. Quanto vale o banquinho de Tiago Iorc ali? De Caetano? De Seu Jorge?

Quanto mais você consegue se afastar da paridade para se diferenciar, mais valor o seu cliente enxergará. Trata-se de uma espiral: quem ganha mais investe mais e cria mais produtos de valor maior, encontrando mais rápido o caminho da intangibilidade da sua arte. A espiral é um símbolo cuja forma sugere evolução e, com um movimento ascendente e progressivo, normalmente é positiva, auspiciosa e construtiva.

Se você ainda não conhece, existe uma plataforma chamada Fiverr,[41] que se propõe a intermediar a compra e venda dos mais diversos serviços, em sua maioria relacionados à criação, no modelo de *freelance*. Embora possa ser uma boa opção para quem está começando, gostaria de refletir sobre o porquê de a precificação variar tanto. Será que se trata apenas de uma desvalorização da arte por alguns ou supervalorização por aqueles que desenvolveram valor em seu trabalho?

Nessa plataforma, é possível encontrar serviços ou produtos com preços extremamente acessíveis. Mas por que um artigo, uma pintura ou fotografia de um criador custa 20 dólares na Fiverr, enquanto o mesmo produto assinado por outros criadores pode custar mil vezes mais? Paridade, diferenciação e entrega de valor são as respostas.

São os próprios criativos que, em determinado momento, se sentirão mais seguros ou prontos para cobrar o valor que julgam justo por seu trabalho. Caso isso não aconteça, o criativo pode, sem perceber, tornar-se uma máquina de produção em escala, perdendo em qualidade e ganhando em quantidade, aproximando-se cada vez mais dos demais, sem criar a própria identidade e marca para valorização e diferenciação.

---

41 FIVVER. Disponível em: https://www.fiverr.com/. Acesso em: 16 mar. 2021.

A ARTE E SUA INTANGIBILIDADE

Em algum momento, você já deve ter escutado que a arte não tem preço, é intangível. Por isso, é mesmo difícil precificá-la. No caso de Tom Jobim, por exemplo, que não lucrou com "Garota de Ipanema", quanto valeria uma música como essa? Quanto vale minha participação com um solo de dez segundos em uma música de outro artista? O meu prefácio para um escritor? Um quadro para um pintor?

Justamente por isso foram criados os sindicatos, associações e órgãos representativos de todos os setores e áreas de atuação. É por meio deles que boa parte dos criativos, principalmente no início da carreira, podem ter uma ideia de valores e até mesmo do próprio escopo do trabalho. Com o tempo, prática e público, ficará mais fácil se posicionar no mercado com base na sua experiência e no seu produto. Antes, porém, você precisará fazer uma pesquisa inicial para entender e estabelecer seu lugar no mercado: quais são os outros artistas com experiência e habilidade semelhantes e por quanto eles vendem seu trabalho? É claro que não se trata apenas de replicar o que eles fazem, mas ter uma noção básica para poder chegar em um valor justo para você naquele momento.

A arte é intangível. Você pode até tocar no meio em que ela é exposta – como o CD, a tela, o livro – mas a arte, em si, é intangível. Agora, podemos observar que as empresas da atualidade também estão seguindo esse mesmo caminho. Foi-se o tempo em que acumular bens materiais e investir em prédios ou escritórios era sinônimo de sucesso. A intangibilidade alcançou também o mundo cartesiano, as empresas mais valiosas da atualidade não têm sequer um bem tangível. A Uber não tem um carro em seu nome, o Airbnb não tem um quarto de hotel seu, o iFood não possui um restaurante, e assim por diante. Isso diz muito sobre a economia atual. Essas empresas foram criadas para solucionar problemas específicos dos consumidores e cumprem essa missão: são acessíveis e entregam, além dos seus produtos, valores agregados à marca, como conveniência, ideologias e sensação de status, de modernidade e de pertencimento.

Acima de tudo, são responsáveis por mudanças de comportamento na sociedade, chegando a ameaçar ou destruir sólidas empresas do ramo.

Os bens culturais são formados por elementos tangíveis e intangíveis que não podem ser dissociados. Uma escultura é um objeto físico e, como tal, é tangível. Mas o valor intangível também é inerente a ela, proporcionando sentimentos e simbologias que, apesar de imensuráveis, são essenciais para agregar valor ao bem tangível. E é a soma desses dois elementos que forma o capital cultural da sociedade, que inclui a educação e as várias formas de expressão cultural – o folclore, as artes plásticas, o teatro, o cinema, o circo, a música, a literatura.

Para uma empresa de serviços, o capital humano é seu ativo mais valioso, já que, se não houver um bom atendimento, o negócio certamente não terá lucro. Além do capital humano, a propriedade intelectual corporativa, que inclui patentes, marcas registradas e direitos autorais, é também considerada um ativo intangível. Alguns exemplos de ativos intangíveis são: capital intelectual; desenvolvimento tecnológico; direitos autorais; direitos de propriedade industrial e de serviços; franquias; fundo de comércio adquirido; know-how; licenças; marcas; modelos, projetos, protótipos; patentes; receitas; softwares; entre outros.

QUAL VALOR VOCÊ AGREGA?

Chegamos em um dos assuntos mais delicados para os criativos. O artista precisa ter noção de quanto vale seu acúmulo de conhecimento, seu nome e o quanto agrega a uma marca ou produto. Nunca se esqueça, ao precificar, do seu investimento e de toda sua dedicação. Mas tenha em mente que o valor agregado não tem nada a ver com o tempo trabalhado naquele projeto em si; pode ser que você entregue algo em menos tempo justamente por seu acúmulo de conhecimento na área, ou seja, executa rápido porque é bom naquilo.

Do mesmo modo, é importante perceber que, quando você passa a contribuir de alguma maneira com o projeto de outras pessoas, também

O UNIVERSO DIGITAL E SUAS INFINITAS POSSIBILIDADES **173**

agrega seu valor a outros produtos, e sua relação muda, pois você passa a lidar também com outros criadores ou marcas, ganhando presença no B2B (Business to Business). Isso acontece quando, por exemplo, um artista plástico é convidado a assinar uma linha de produtos comercializados por uma outra marca. A arte valoriza os produtos, e quem contrata sabe disso, pois agrega a propriedade intelectual e alguns sentimentos – confiança, modernidade, sofisticação e alegria, por exemplo. Isso significa dizer que, quanto mais você se colocar no mercado e aumentar sua visibilidade, mais parceiros conseguirá.

Para continuar buscando novos contratos, parcerias e clientes, é preciso prospecção contínua. Tenha em mente que é fundamental estar em um projeto já pensando em qual será o próximo. Um escritor contratado para escrever um livro ou artigos para terceiros, pode oferecer, no momento da entrega, novos produtos e diferentes possibilidades. Se o cliente contrata sempre um projeto específico, tente vender para ele a continuidade da geração de conteúdo por meio de um valor mensal pelo serviço, por exemplo. Mostre que você pode agregar valor ao projeto dele.

Quando você se torna o único responsável por garantir sua receita, não pode parar, não pode dar margem para pensar: *por que não fiz tal contato antes? Por que não apresentei uma proposta naquela época?* Portanto, desenvolva seu *networking*, crie seu *mailing* de contatos e possíveis clientes, marque cafés, almoços, participe de eventos e se apresente, você não tem nada a perder, só a ganhar. Quanto mais gente souber o que você faz, melhor.

Ao fazer isso, as coisas começarão a fluir, e você precisará gerenciar seu tempo para poder aceitar todos os convites, compilar o que faz sentido ou não, em qual projeto quer entrar e qual contribui para alcançar seu objetivo final e gerar valor em relação ao seu trabalho. Este é o ápice da geração de valor: quando o criativo escolhe em qual projeto entrar e consegue precificar de forma correta sua contribuição.

Ao entender essa lógica e desenvolver seus processos, posicione-se naturalmente até ter em mente valores bem definidos e saber que por menos de X não aceita projetos. Quanto mais consciente estiver do quadro geral, sabendo o que os outros artistas fazem, quanto cobram por seus trabalhos, quem os compra e por quê, mais preparado estará para precificar o seu trabalho criativo para estar disponível a uma ampla gama de circunstâncias.

Tratamos, aqui, sobre geração de valor, entretanto, no afã de pagar as contas ou de se colocar no mercado, muitos desvalorizam o próprio trabalho, colocando um preço muito baixo. Esse é um erro que, consequentemente, desencadeará outros. Não reduza seus preços para uma feira de arte e, em seguida, aumente-os para uma exposição em uma galeria renomada. Isso não é profissional, pode ser prejudicial para seus relacionamentos com as galerias e, posteriormente, com os demais clientes. Lembra-se da importância de manter a coerência? Você deve vender seu trabalho em seu site pelo mesmo preço que vende em uma galeria, feira de arte ou exposição privada informal. Seus consumidores estarão mais propensos a comprar se reconhecerem a consistência e não se preocuparem com a possibilidade de perder uma oferta por meio de um canal de vendas diferente. Faz sentido? Você está interagindo com a sua base de fãs e, por isso, deve ser bem coerente nas ofertas que divulga.

Para concluir essa ideia, não cobre muito abaixo do valor praticado corriqueiramente pelo mercado. Controle sua ansiedade e entenda que precisa se posicionar, gerar valor e fazer com que seus clientes o percebam. Se você se desvaloriza, automaticamente terá seu trabalho desvalorizado pelo público e, dificilmente, depois disso, conseguirá ajustar seus preços para se equiparar ao mercado sem perder muitos clientes pelo caminho. Quem pagou mil reais em algum momento, não vai pagar 3 mil. Para não cair nessa tentação, fortaleça seus contatos com outros artistas. A conexão entre profissionais com o mesmo ideal é essencial para buscar melhores condições, fazer novas parcerias e, acima de tudo, aprender. Enxergue o seu valor e, consequentemente, os outros também o perceberão.

NÃO EXISTEM ATALHOS

Qualquer carreira, seja ela no mundo artístico ou corporativo, é resultado de uma construção. Sendo assim, não existe fórmula mágica ou milagre que o fará reconhecido e respeitado da noite para o dia. Aceite isso e trabalhe, não existem atalhos! Uma frase que eu gosto muito e que foi amplamente divulgada em 2019 em diversas entrevistas é do maior velocista da história, Usain Bolt, que afirma: "Eu treinei quatro anos para correr apenas nove segundos, tem gente que não vê resultados em dois meses e já desiste".

No imaginário do público, o artista é aquele que faz a música, escreve a letra, decide que roupa usar para a gravação e posta nas mídias sociais, vive apenas o glamour da profissão e, de uma hora para outra, alcança o sucesso. Afinal, é dele o nome na capa do álbum, no letreiro da casa de show, na capa do livro, na conta do Instagram. Mas a realidade, como sabemos, não é bem assim.

É preciso compartilhar para somar, e dificilmente alguém constrói algo sozinho. Um compositor, por exemplo, é creditado e recebe sua parte mesmo sem subir no palco. É importante entender que, muitas vezes, existe uma colaboração íntima entre intérprete e compositor, como a Elis Regina e o Tom Jobim ou Bernard John Taupin, letrista britânico e principal colaborador de Elton John. Ao longo do processo de criação de um projeto artístico, outras pessoas podem contribuir diretamente, dando forma ao produto. Os músicos que gravam, os engenheiros de som, o designer da capa, o fotógrafo e até os empresários ajudam a formatar o produto com indicações e datas mercadológicas, e essa lista de profissionais é ainda maior.

O que quero dizer é que, quanto mais aberto à participação de outras pessoas, mais seu projeto artístico crescerá de forma concisa, com um processo mais tranquilo para o criador original, que conta com auxílio e aprovação de inúmeras pessoas inseridas no projeto. Afinal, é muito difícil uma pessoa sozinha ter a absoluta certeza de que está fazendo tudo certo, do começo ao fim. Independentemente da sua área de atuação, crie um ambiente colaborativo e aberto. Obviamente, é preciso atentar-se para não se perder em meio a tantas opiniões. Por isso, a comunicação de um conceito bem definido deve ser clara para todos os envolvidos, que contribuem dentro de um propósito maior.

O artista deve estar aberto às colaborações de cada um desses profissionais. É preciso confiar na opinião do baterista, do fotógrafo, do *manager* quando propõem algo para o projeto, pois cada um é o maior entendedor do seu objeto de trabalho. A tendência é que o resultado final seja melhor com a soma dos talentos de todos no projeto.

O grande acréscimo possibilitado pela tecnologia atual para essa criação coletiva é a participação também do público na fase de produção da obra e ao longo da carreira do artista, ajudando a definir caminhos e conceitos. Em tempos passados, não só a tecnologia não permitia, mas a mentalidade difundida era a de não divulgar o que estava sendo criado, porque tornava-o vulnerável. Mostrar as dificuldades de uma criação artística era um verdadeiro tabu, ninguém queria saber de perrengues, só do produto final. Mas o mundo está mudando, as grandes empresas de hoje existem pela colaboração aberta, pela economia compartilhada. Por que nós, artistas, queremos guardar nossas ideias para nós mesmos sem deixar que os outros participem também?

Uma das gigantes da atualidade, a Amazon, permite as avaliações dos usuários para todos os produtos. Pessoas reais dizem se o produto é bom ou não, o que falta nele, o que pode melhorar, o que quebra rápido, como é sua estética etc. Outro comprador confiará muito mais nessas avaliações do que em uma feita pela própria empresa produtora. Outro grande exemplo de colaboração coletiva é a Wikipédia, uma enciclopédia colaborativa em que qualquer um pode escrever e todo o mundo consultar. O artista moderno é aquele que acredita que sua arte, sua música, seu livro não é o fim, mas a versão 1.0, e a participação do público, com as opiniões mais diversas em *open source*, indicará o caminho para novos projetos ainda melhores, versões mais desenvolvidas.

Volto a insistir, não existem atalhos para aqueles que se dispõem a criar algo sólido e consistente, a famosa frase "ninguém nasce sabendo" cabe bem aqui. É preciso entender que temos um "cérebro moldável", pronto para absorver conhecimentos, técnicas e táticas para chegar lá. É preciso praticar a mentalidade do crescimento, ou *growth mindset*, e a neuroplasticidade, habilidades e inteligência que podem ser desenvolvidas e são apenas ponto de partida para novos conhecimentos. Acredite nisso e siga em frente. Não se deixe levar pelo pensamento destrutivo e limitante de que já tem gente fazendo ou que já tem gente que faz melhor que você. Ele nos imobiliza e faz acreditar que a vida já está pronta e fadada a ser sempre igual.

A mágica do tempo se encarrega de o transformar em mestre naquilo a que se dedica diariamente com afinco, sem olhar para os lados ou se desmotivar com comparações. Quem faz melhor nem sempre faz a diferença, quem faz melhor nem sempre está buscando melhoria no mesmo ritmo que você. A questão não é competir com o outro, mas com você mesmo. Ser melhor do que ontem e pior do que amanhã, sempre.

Leia qualquer biografia de grandes músicos, medalhistas ou empresários de sucesso e constatará que colocaram muito esforço, quase desistiram, buscaram melhorar constantemente, buscaram desenvolver suas técnicas de aprendizado, criatividade e posicionamento para realmente alcançarem o que queriam. Horas diárias incansáveis durante anos e, às vezes, décadas. Tenho certeza de que nenhum deles acreditou que já tinha talento suficiente e podia relaxar, estagnar. É comum aqueles que, quando novinhos, apresentam maior facilidade em alguma coisa caírem no erro clássico de acreditar que o jogo está ganho. Isso pode ser muito destrutivo.

Em seu livro intitulado *Princípios para o sucesso*,[42] o filantropo e empresário Ray Dalio, fundador da Bridgewater Associates, o maior fundo de investimentos do mundo, escreve que, para ser bem-sucedido, basta seguir um processo de cinco etapas:

ETAPA 1. Conheça seus objetivos e corra atrás deles.

ETAPA 2. Encontre os problemas que impedem a realização de seus objetivos.

ETAPA 3. Diagnostique os problemas para então descobrir suas causas.

ETAPA 4. Crie planos para contornar o problema que atrapalha seu progresso.

ETAPA 5. Faça. Execute esses projetos.

---

42   DALIO, Ray. **Princípios para o sucesso**. Rio de Janeiro: Intrínseca, 2020.

Após refletir sobre seu fracasso, preconceitos e pontos cegos que o levaram a erros, Dalio desenvolveu um de seus princípios mais fundamentais, representado pela fórmula: dor + reflexão = progresso. Ele considera que alcançou seus objetivos "principalmente por cometer erros e refletir sobre eles".[43]

O que você tem feito hoje para ser melhor do que ontem? Não existem atalhos para construir uma carreira sólida, e, quando você passa a entender o processo de evolução natural, cada etapa vencida se torna uma grande vitória rumo à conquista dos seus sonhos.

---

43 GALLO, Carmine. Em novo livro, bilionário Ray Dalio adapta sua estratégia de comunicação para alcançar um público mais amplo. **Forbes**, 27 jan. 2020. Disponível em: https://forbes.com.br/negocios/2020/01/em-novo-livro-bilionario-ray-dalio-adapta-sua-estrategia-de-comunicacao-para-alcancar-um-publico-mais-amplo/. Acesso em: 17 mar. 2021.

PARA NÃO CAIR NESSA TENTAÇÃO. FORTALEÇA SEUS CONTATOS COM OUTROS ARTISTAS. A CONEXÃO ENTRE PROFISSIONAIS COM O MESMO IDEAL É ESSENCIAL PARA BUSCAR MELHORES CONDIÇÕES. FAZER NOVAS PARCERIAS E. ACIMA DE TUDO. APRENDER. **ENXERGUE O SEU VALOR E. CONSEQUENTEMENTE. OS OUTROS TAMBÉM O PERCEBERÃO.**

PARTE IV

Eu, empresa

CAPÍTULO 7

COMO TRANSFORMAR INSTABILIDADE EM ESTABILIDADE?

Nesta última parte, você entenderá, de forma definitiva, porque precisa começar a pensar, a partir de agora, como uma empresa. Vou logo iniciar pela pedra no sapato da grande maioria: transformar a instabilidade em estabilidade, estar à frente da gestão de todas as partes necessárias para que, sozinho ou em grupo, alcance, em um futuro próximo, algo sólido e estável.

Observe o organograma abaixo sobre o funcionamento ideal da mente de um criativo.

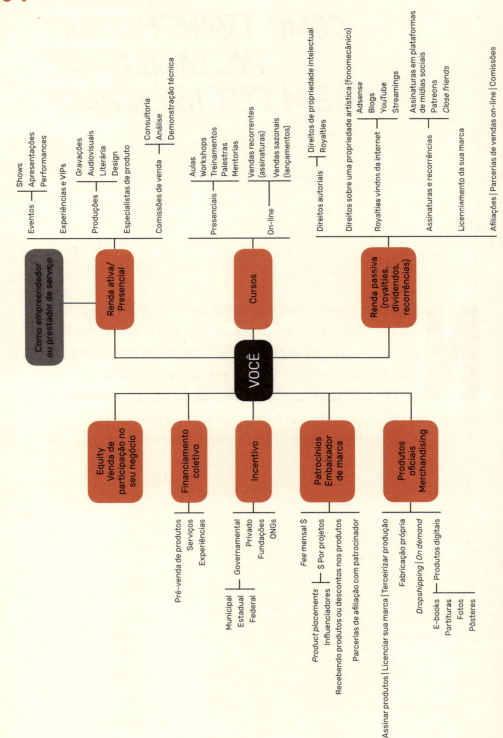

COMO TRANSFORMAR INSTABILIDADE EM ESTABILIDADE? 185

Antes de mais nada, é importante considerar que, em qualquer lugar, cada indivíduo apresenta uma base familiar diferente, expectativas diferentes e, consequentemente, buscam conquistas diferentes ao longo da vida. A boa notícia é que o mercado artístico tem capacidade de absorver todos esses sonhos, que, uma vez estruturados, podem se tornar realidade.

Logo, não venda seu sonho, seja por estabilidade ou pela falsa sensação de segurança, ao optar por permanecer funcionário de uma empresa ou em uma função insatisfatória. Aprenda a não olhar para os lados ou para a frente e foque o seu tempo, o seu resultado. Aprenda a transformar as coisas ruins, difíceis e pesarosas em oportunidades, em renda, em chances reais de uma vida melhor e de viver do seu sonho. Independentemente da posição em que esteja na largada, precisará correr atrás.

Contei, nos primeiros capítulos, sobre o início da minha trajetória musical, quando dispunha de condições um pouco mais favoráveis em função do apoio familiar, mesmo assim não tinha equipamento e informação, e o violão que usava era emprestado. Minha primeira guitarra foi presente da minha mãe de aniversário e Natal acumulados, mas todo o resto dos instrumentos fui eu, com minhas aulas lecionadas, que comprei. Eu tinha medo, ao sair para as aulas ou ao pegar um ônibus, de ter meus instrumentos roubados. Arrisco afirmar que, se o Angra não tivesse se originado no Brasil, teria sido muito maior pelas circunstâncias e possibilidades que teria em outros locais. Mas independentemente do lugar de onde está partindo, é preciso lutar para conseguir destaque.

Sua realidade atual não é uma sentença vitalícia. Minha mãe era funcionária pública, e tínhamos consciência das seguranças que um cargo CLT, e mais ainda, um cargo público, proporciona. É apavorante perceber que, ao optar por uma carreira artística, não terá esses benefícios, e é por isso que boa parte dos artistas desiste.

Para elucidar de uma vez a pergunta que dá nome a este capítulo, dentro da arte é, sim, possível conseguir um contrato fixo, como prestador de serviço, especialista ou consultor, garantindo salário fixo com uma banda, editora ou empresa da área. Se o seu maior medo é não alcançar uma base salarial, pode tentar uma colocação nesse modelo para se sentir mais confortável e, em paralelo, tocar os próprios projetos. Não há problema algum nisso! Com consciência de todas as possibilidades apresentadas aqui, perceba que o que de fato garante a estabilidade são suas escolhas e sua construção, não um vínculo empregatício.

Dito isso, você pode escolher ser o artista empreendedor que investe no seu projeto e, para isso, precisa começar do zero, trabalhar no seu livro, no seu álbum, no seu quadro, entendendo que, provavelmente, não terá resultados imediatos; ou o artista prestador de serviço, que opta por trabalhar prestando serviço para outro profissional. Nesse grupo, estão os que decidem tocar para alguma banda em um palco enorme e com um público que não é o seu, os que fazem a curadoria e preparam uma exposição de obras de arte sem assinar nenhuma, e assim por diante. Aqui, o maior estímulo é o retorno financeiro mais rápido, mas implica abrir mão de construir algo que poderá lhe render bons frutos no futuro. Alguns exemplos práticos que ilustram características de cada escolha:

	ARTISTA EMPREENDEDOR	ARTISTA PRESTADOR DE SERVIÇO
NO ÂMBITO PRESENCIAL	Montar a própria banda, montar sua escola de música ou de desenho, montar seu estúdio de design…	Músico acompanhante, editor de vídeo, webdesigner etc., contratado por trabalho (contrato ou CLT), *freelancer*.
NO ÂMBITO DIGITAL	Investir no próprio curso ou produto on-line.	Ser um afiliado ou ser contratado por uma agência de lançamentos digitais.
PROPRIEDADE INTELECTUAL, TAMBÉM CONHECIDA COMO PI (PARA RECEBER DIVIDENDOS)	Escrever o próprio livro, compor, interpretar as próprias músicas, desenvolver seu estilo como ilustrador…	Gravar um álbum por um cachê, criar um logo, personagem ou música por contrato, como um ghost-writer.
MERCHANDISING	Vender seus produtos, receber royalties da sua PI e verticalizar toda a produção (ou seja, criar a estratégia que prevê que a empresa produzirá internamente tudo o que puder ou, pelo menos, que tentará produzir).	Ser contratado para demonstrar o produto, ser o especialista que explica o seu funcionamento, vender artes e designs para outras marcas, por exemplo.
PARCERIAS	Buscar testemunhos, avaliações dos seus produtos, microinfluencers para divulgar e melhorar a percepção e *branding* da sua marca ou aumentar as vendas.	Cobrar um valor específico para participar de uma *live*, de um evento…
LEIS DE INCENTIVO CULTURAL	Possibilidade de recorrer a ela para o fomento de artistas brasileiros, proporcionando as condições necessárias para o desenvolvimento do seu trabalho.	Pode ajudar outros artistas a formatar os projetos para os quais pretendem buscar incentivo e cobrar um cachê por esse serviço – aqui, ele pode também participar de um projeto feito por terceiros, também recebendo um cachê estabelecido.

PENSE COMO UMA EMPRESA

Independentemente de optar por ser um artista empreendedor ou prestador de serviço, se você ainda não tem uma empresa formalizada, espero que corra para abrir uma e comece logo a se organizar para se tornar autossustentável com seu trabalho artístico. É importante se organizar como uma empresa para conseguir gerenciar seu tempo, suas ideias, a divisão de tarefas, a contratação de pessoas etc.

A seguir, apresento três grandes departamentos para compartimentar a organização do seu mapa mental, são eles: externo, interno e de execução. É importante reforçar que pensar como uma empresa vai ajudar você a organizar o seu tempo em blocos importantes para que sua carreira aconteça.

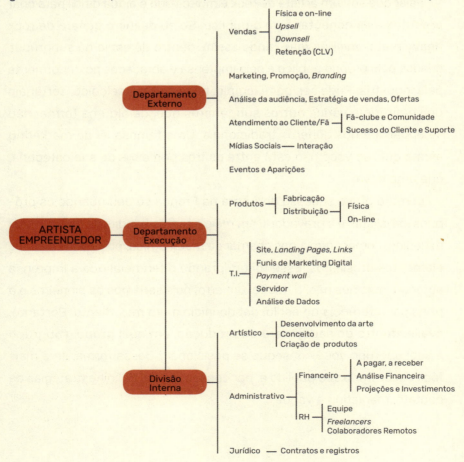

DEPARTAMENTO EXTERNO compreende a interação com o público. Marketing, *lives*, entrevistas, pesquisas, clientes, vendas, estruturação de produtos, gestão dos clientes, retenção e suporte, relacionamento com o cliente, *networking*, B2B. Abrange o marketing pré-venda e pós-venda, além de um relacionamento com o cliente que permita entender se quem comprou um livro compraria também um curso, por exemplo. Para isso, é necessária uma pesquisa dedicada de mercado.

Esse relacionamento com o cliente deve ocupar a maior parte do seu tempo, pois trata-se de um trabalho constante e diário, ao contrário de contratos, registros, acordos de distribuição etc., que são atividades pontuais. Para isso, é crucial entender seu nicho e suas preferências, mais ainda, seu micronicho.

Falar que sou um artista de rock é muito vago e ainda difícil para criar produtos e se conectar com o público. Se eu definir o gênero de rock heavy metal, melhor, mas, ainda assim, dentro do estilo há subgrupos criados pelo próprio público e pela imprensa e abraçados posteriormente pela indústria. Pode ser, por exemplo, heavy metal melódico, sertanejo universitário e vários outros subgêneros que, de alguma forma, não se encaixam nos gêneros tradicionais. Uma famosa lei do marketing afirma que, se você não está entre os três primeiros de sua categoria, crie uma nova.

Lembro que o sucesso do Angra na França se deu quando os próprios jornalistas e a gravadora, em meio a tantas bandas de heavy metal melódico, começaram a nos chamar de metal étnico, pois misturávamos elementos brasileiros. Esse foi um grande diferencial que a imprensa abraçou, mas nós não, o que foi um erro, pois seríamos os pioneiros e a principal referência do estilo, dando início a um movimento. Portanto, avalie: dentro do seu gênero de produção, em qual grupo, subgrupo e subsubgrupo você consegue se posicionar? Dessa forma, será mais fácil encontrar o seu público e, por consequência, definir estratégias de contato, marketing e venda.

DEPARTAMENTO INTERNO é destinado ao desenvolvimento de produto, a criação em si. Nem sempre os criativos desenvolvem suas ideias ou as transformam em produtos, porque não enxergam essa possibilidade. Com o produto desenvolvido, esse também é o departamento responsável pelo controle de qualidade, que deve encontrar o equilíbrio entre execução e perfeição. Feito é melhor que perfeito! Quem busca a perfeição a todo momento não lança nenhum produto. O ideal é buscar qualidade de forma a atender a demanda.

Divide-se o departamento interno entre quatro segmentos:

1. **ARTÍSTICO**: aqui quem cria é você. Esse é o seu momento de criar sua arte, conceito e desenvolver os produtos baseados nas suas criações.

2. **ADMINISTRATIVO**: registros, e-mails, gestão, burocracia, equipe, contabilidade. Quando conseguir se estruturar, pode ter alguém ou uma equipe para lidar com essas demandas por você, mas no começo não tem jeito! São atividades que precisam ser feitas, portanto estabeleça horários para realizar as tarefas administrativas de maneira a não comprometer a sua arte e seus momentos de criação.

3. **JURÍDICO**: cada contrato é único e por isso merece total atenção e conhecimento mínimo para que você não entre em furadas. Saber, por exemplo, quem são as partes, interesses gerais, sobre o que é especificamente, formalizar os principais pontos a se esclarecer, prazo, acordo financeiro, multas previstas, enfim, os direitos e deveres de cada uma das partes.

Na prática, o desenvolvimento do produto, por exemplo, precisa de um subdepartamento no qual você se dedique exclusivamente a escrever, compor, desenhar, criar *headlines*, vídeos etc. Claro, não é só isso. Daqui, precisa sair um produto, não só a criação artística. Com a criação já em formato de produto, o controle de qualidade é o responsável por julgar se ele está ou não pronto para ser disponibilizado para o mundo e para seu público, analisando a qualidade artística somada à qualidade do suporte em si, se apresentam problemas ou defeitos.

Obviamente, é necessário que o departamento externo converse com o departamento interno para que a divulgação seja realizada da melhor maneira. Se você já trabalhar em grupo, essa comunicação precisa acontecer de forma organizada, com horários determinados, dias e pautas definidos para exposição e feedbacks do tema. É importante você se organizar mentalmente para lidar com as diversas comunicações que vêm junto com a gestão da sua carreira, dessa maneira, você não se perderá entre e-mails, mensagens, WhatsApp, telefones, conversas de cafezinho etc. A comunicação e o *brainstorming* se dão em diversas formas e devem existir sem travas, mas devem ser documentados para não se dissiparem os assuntos. Lembra-se do conselho de terminar tudo o que começar? Assim, arquivar histórico de e-mails ou utilizar ferramentas mais específicas, como Trello ou Slack, ajudam-no a se organizar com esses assuntos.

Se está começando e ainda não tem ninguém que trabalha nessa área ou caso sua empresa compreenda apenas você, ainda é importante encontrar uma forma de organizar a comunicação interna. Como assim? Não interessa se você trabalha sozinho, com um companheiro, com uma banda com quatro integrantes ou com uma amiga disposta a ajudar, a comunicação é a principal ferramenta organizacional para controle e documentação da lista de afazeres que vai facilitar sua vida. Quanto mais metódico e organizado, melhor.

Quanto ao administrativo, caso não tenha uma equipe, terá você mesmo que responder por todos os aspectos burocráticos, organizacionais e estruturais, fundamentais para o gerenciamento da sua empresa. Por isso, quando possível, é interessante ter alguém que cuide desse segmento para que você não desvie seu tempo e sua energia com outra vertente que não a criativa, como e-mails, agenda, emissão de notas fiscais, pagamentos e recebimentos, conciliação bancária e tudo relacionado à burocracia, às finanças e à contabilidade.

Artistas, mesmo quando pequenos, não têm como escapar, precisam dedicar um momento por dia para isso. Dependendo da área e produto, é preciso entender não apenas de contratos, mas também de registros de patente e direitos autorais, por exemplo. Gostando ou não, é necessário conhecer o mínimo para que não tenha problemas no futuro. Registrar o nome no INPI, os domínios de site e canais de mídias sociais, suas músicas em uma associação de compositores e autores ou apenas subir seus vídeos no YouTube, mesmo que no modo privado, para certificar a data de produção dos conteúdos, enfim, todas essas são as ações relacionadas ao registro de sua criação para garantir seus direitos e não encontrar adversidades mais para frente.

Para essa organização geral, pode utilizar o Método GTD – sigla para *getting things done* – criado pelo autor norte-americano David Allen em seu livro *A arte de fazer acontecer*.[44] Trata-se de uma técnica desenvolvida para alcançar a eficiência no trabalho, nos estudos ou em qualquer outra área da sua vida. O autor procura mostrar que a nossa mente consciente não é um local de armazenagem e de depósito de informações, mas uma ferramenta de concentração, com potencial para a metodologia GTD. Essa abordagem parte de um princípio elementar: a capacidade de ser produtivo é diretamente proporcional à capacidade de relaxar. E, se é assim, só é possível atingir elevados padrões de produtividade sob o mínimo de estresse, quando a mente está clara como água e os pensamentos organizados.

DEPARTAMENTO DE EXECUÇÃO. a terceira parte da sua empresa, mesmo que seja só você, é a responsável pela entrega, ou seja, fabricação, distribuição, venda e execução – seja o produto físico ou virtual – e operacional. No caso de um infoproduto on-line, por exemplo, ainda demanda produção, com filmagem e edição, diagramação de e-books, PDFs, definição da plataforma de distribuição e de pagamento utilizada. Seja gravar um álbum, escrever um livro ou criar uma marca de roupas, precisa definir: onde você vai produzir e distribuir? Será uma sociedade? Um licenciamento? Você fará tudo sozinho e verticalizado, isto é, fabricação, distribuição, venda e marketing sozinho?

---

44   ALLEN, David. **A arte de fazer acontecer**. Rio de Janeiro: Sextante, 2016.

Ou será horizontalizado, após a sua criação, terceiriza a produção ou comercialização? Daí nascem os contratos, as parcerias.

Tudo isso demanda tempo, decisão e planejamento. A criação de um site, por exemplo, relaciona-se com o marketing, mas pode ser também seu ponto de contato, local de venda e distribuição, seja de um produto físico ou digital. Essa parte de T.I., por exemplo, precisa também de uma boa empresa parceira que ofereça os serviços de servidor, domínio, site rápido e responsivo, leitura agradável, e-mail, plataforma de vendas e redescobrimento de produtos, fundamentais em alguns caminhos. Lembre-se de que o Departamento de Execução está relacionado à toda atividade por trás da materialidade da sua arte.

Pensando como uma empresa, seguimos agora rumo à construção que lhe permitirá fazer da instabilidade estabilidade.

FAÇA DA SAZONALIDADE UMA ALIADA

Você consegue imaginar um show de heavy metal em pleno Carnaval? Ou lançar um produto de Natal fora de época? É difícil encontrar roupas de inverno durante o verão, férias escolares sem lançamentos de filme infantil e assim por diante. Cada mercado tem o próprio calendário. Isso demonstra que existem períodos específicos para determinados acontecimentos, a sazonalidade.

Entender o contexto em que você está inserido inclui identificar essas mudanças ao longo do ano, ou mesmo em intervalos maiores, que permitam aproveitar eventos específicos, como a *Comic-Con* ou as feiras literárias, como a Bienal do Livro em São Paulo e no Rio de Janeiro, para lançar um produto. Assim, é possível criar um cronograma de atividades, predefinindo períodos de trabalho, férias, produção e, especialmente, o período de produção de material para plataformas digitais. Isso exige também praticar sua adaptabilidade, uma das principais características da nossa espécie, mostrando para o seu público que sua produção está atualizada, que você busca maneiras de se reinventar, de ser mais atrativo.

O Carnaval, por exemplo, já foi um período muito bem delimitado em cada ano, até que criaram as micaretas para torná-lo mais abrangente, não restrito apenas aos meses de fevereiro ou março. Como identificar as pessoas que participam do "Carnaval fora de época"? É possível, por exemplo, diferenciar aqueles que se interessam por eventos do tipo, mesmo fora do feriado, e também diferenciá-los de acordo com os blocos que frequentam para determinar o público-alvo. As micaretas estabeleceram o desenvolvimento de um novo calendário e toda a estrutura necessária para comportar tais eventos, com a elaboração de espaços mais exclusivos, dos camarotes, e de uma nova construção de valor para um novo produto.

É preciso entender essa sazonalidade para fazer dela uma aliada e, principalmente, para se preparar financeiramente para o ano todo. Por exemplo, uma escola de música relacionada ao período escolar precisa organizar-se para sobreviver durante os meses de férias. Se a sazonalidade do Carnaval dura apenas dois meses intensos de trabalho, como sobreviver aos outros dez do ano? Se você ganha 20 mil reais em dois meses de trabalho, devido a um projeto maior ou à sazonalidade da sua área, e nos próximos meses não arrecada o mesmo valor, como se preparar para eles?

Paixão e perseverança, eu digo, pelo menos por um longo tempo e para um resultado específico: é assim que se lida com a sazonalidade. Determinação! Na Finlândia, a palavra *sisu* significa a força que temos para vencer as adversidades. Em um país onde, durante seis meses do ano, a temperatura é negativa e o sol quase não aparece, a população desenvolve o *sisu* desde o berço. Falar que alguém tem *sisu* é o elogio máximo nas terras nórdicas. Em inglês, a palavra *grit* significa o mesmo, força de caráter, coragem de resolver e produzir independentemente da situação adversa, determinação.

Fiz esse adendo porque acredito que, para lidar com a sazonalidade, é preciso fazer dela uma aliada, embora em alguns momentos possa ter vontade de desistir, por isso, invista em sua determinação, *sisu* ou *grit*.

Acredito que a melhor forma de enfrentar a componente sazonal do seu trabalho é criar mecanismos que possibilitem uma recorrência mensal. Como? Criando um carnê; pensando em propostas de assinaturas ou apoios mensais de seus fãs por meio de plataformas como Youtube, Twitch, Patreon e Catarse; criando uma mensalidade para seus fãs participarem do seu Close Friends do Instagram ou de um grupo exclusivo do WhatsApp, Telegram ou Facebook; seus cursos podem ser assinaturas com entregas semanais de conteúdo e cobrança mensal; criação de clubes de assinaturas com produtos exclusivos seus (ou escolhidos por você), assim como a Omelete Store faz para o público *geek* etc. Eu, por exemplo, tenho um produto chamado Guitar Evolution que é uma assinatura mensal com mais de 130 aulas de guitarra e todo mês eu atualizo a plataforma com mais conteúdo. O que não falta são oportunidades de conseguir uma entrada de dinheiro mensal!

Hoje, com a internet, é possível desenvolver produtos digitais que lhe permitam recolher uma taxa mensal, por exemplo, a plataforma Catarse e o Patreon, que possibilitam a criação de projetos recorrentes. Designers, videomakers ou qualquer outro profissional criativo pode, assim, garantir a recorrência, diminuindo a instabilidade. Contratos podem ser fechados por um período anual, mas com pagamentos mensais e recorrentes. Assinaturas de planos diversos, como Netflix, garantem também essa recorrência de pagamentos. É isso que você deve buscar; montando um produto com recorrência, assinaturas e taxas mensais, tudo fica previsível e permite um melhor planejamento das finanças, gastos fixos mensais e investimento nos negócios, tornando totalmente viável seu trabalho mesmo nos meses afetados pela sazonalidade.

Se sua produção depende ainda dos dividendos de direitos autorais, por exemplo, como garantir uma renda mensal constante? É preciso criar uma carteira de obras que lhe renderão dividendos de fontes variadas. Quem vive exclusivamente da composição e a adota como profissão, por exemplo, precisa de uma carteira variada, garantindo renda a partir de um montante.

COMO TRANSFORMAR INSTABILIDADE EM ESTABILIDADE?

Esse caminho de empreendedor criativo é mais longo e difícil quando comparado ao de prestação de serviços, mas você se torna dono da obra em vez de receber o valor acordado pelo trabalho e ponto-final. O artista empreendedor, entretanto, pode colher frutos inimagináveis. The Killers, por exemplo, uma das bandas de maior sucesso do século XXI, vendeu os direitos de todas as músicas compostas antes de 2020 para a empresa Eldridge Industries. O preço de compra não foi divulgado, mas, com 30 milhões de álbuns vendidos, é de se imaginar que o número tenha sido muito, muito alto. O mesmo aconteceu com Imagine Dragons, que vendeu os direitos de todo o seu catálogo de canções por um valor em torno de 100 milhões de dólares.[45] Como você pode ver, a criação artística bem trabalhada é tratada como um patrimônio, como um imóvel que gera aluguel ou uma ação da bolsa que gera dividendos.

Independentemente do caminho escolhido, tudo deve ser muito bem estruturado, com objetivos claros a médio e longo prazo e planejamento mínimo de um ano para segurança financeira. Não existe idade para realizar seu sonho, mas tenha em mente que deixar para mais tarde terá implicações financeiras. Quando jovem, provavelmente terá mais condições de arriscar do que quando casado, com filhos e compromissos maiores. Por isso, reflita sobre o que você quer: um carro, uma viagem, um apartamento? Quanto precisa ganhar, gastar e guardar para isso? É preciso muito planejamento pensando em faturamento e tempo, por isso a importância da recorrência de rendimentos.

Dedique-se ao que gosta e busque essa recorrência. Estruture sua carreira para que alcance a estabilidade financeira, aumente seu portfólio, seus dividendos, e assim por diante. Dessa forma, estará preparado para qualquer época do ano.

---

45   CROSS, Alan. Why are so many artists selling off their song catalogues to faceless companies? **Global News**, 19 nov. 2020. Disponível em: https://globalnews.ca/news/7470289/artists-selling-song-catalogues/. Acesso em: 17 mr. 2021.

PROSPECÇÃO CONTÍNUA

Volto a mencionar a importância da prospecção contínua, de estar sempre atento às mudanças e disposto a se adaptar, aprender novas habilidades e até recomeçar se necessário, assim, enxergará oportunidades em tudo. A prospecção, para os criativos, deve ser contínua, não apenas em horário comercial. Às vezes, em um encontro casual, você é apresentado a um empresário do seu ramo, a um influenciador digital, enfim, esteja atento e preparado para transformar encontros em negócios.

Lembra-se do exemplo da pirâmide, no qual mil fãs compram produtos de 10 reais? Desenvolva produtos e projetos que permitam ter uma renda recorrente para pagar seus custos de vida e criar uma rotina de geração de conteúdo, vendendo cursos, shows ou *merchandising*. Agregue valor. Mas, ao mesmo tempo em que toma conta das suas atividades, interaja com os seguidores, crie produtos e divulgue seu trabalho. Sua mente deve estar atenta ao que acontece à sua volta, às pessoas que você encontra, às oportunidades e relações que podem surgir. Isso é a prospecção contínua.

Sempre fiz palestras sobre música e sobre guitarra. Certa vez, em um aeroporto, encontrei o diretor da Oi, e, numa conversa, ele indicou a possibilidade de realizar palestras corporativas, com um leque de opções e cachês muito maiores. Ao mesmo tempo que mantinha todo o meu trabalho na música caminhando, fui até a sede da Oi, no Rio de Janeiro, para estudar essa alternativa, que deu origem a uma turnê de palestras, a primeira de várias.

Por isso, amplie seu *networking*, esteja atento às possibilidades e prospecte novas oportunidades constantemente. Assim, conseguirá monetizar, viver do seu sonho de forma legítima e inteligente. Pense em produtos, independentemente do estágio de desenvolvimento em que se encontra com seu trabalho. Tem uma banda de garagem? Cobre um ingresso barato e ofereça um *happy hour* após a apresentação para se relacionar com seus fãs. O microinfluenciador tem, hoje, um enorme alcance, diversos caminhos, parcerias, mas muitos ainda não percebem essas possiblidades. Ao atingir a meta de 10 mil seguidores, por exemplo, já é possível prospectar inúmeras parcerias, e um novo mundo pode se abrir.

A título de curiosidade, segundo uma análise da Markerly, empresa especializada em marketing de influência, realizada com 800 mil usuários do Instagram, o envolvimento nas postagens tende a atingir um pico quando a conta tem entre mil e 10 mil seguidores,[46] ou seja, o engajamento diminui quando os perfis alcançam milhões de seguidores. Por isso, pode-se dizer que os microinfluenciadores trazem resultados melhores. Isso pode parecer estranho, já que uma conta com um número grande de seguidores deveria gerar maior repercussão, certo? Não necessariamente. Com um público enxuto, microinfluenciadores oferecem conteúdos mais intimistas e personalizados, que geram maior segurança e confiança para os seguidores e, desse modo, provocam um retorno melhor do que o de grandes influenciadores. Sem falar que contas no Instagram com 1 milhão de seguidores ou mais podem receber, em média, até 50 mil dólares por *post* patrocinado, o que prejudica sua credibilidade com o público, e isso não acontece com contas menores.

Se você, por outro lado, já desenvolveu vários produtos que têm saída, como é meu caso, que não preciso mais fazer show para me sustentar, precisa dar continuidade e não estagnar jamais. Eu continuo focando minha criação e prospecção de novas oportunidades. A estabilidade permite que eu não desvie meu foco ou fique ansioso. Por isso, insisto que trabalhar com metas é fundamental para saber exatamente onde está, o que precisa ser feito e aonde quer chegar.

Principalmente no momento da prospecção, entretanto, algo que todo artista precisa ter é uma boa pitada de presunção, convencimento e ego, no limite para não colocar tudo a perder e se tornar arrogante ou prepotente, porém é necessário sentir uma certa grandeza, o que

---

46 TARIQ, Hasseb. Por que micro-influenciadores são tão importantes? **Forbes**, 27 jun. 2019. Disponível em: https://forbes.com.br/negocios/2019/06/por-que-micro-influenciadores-sao-tao-importantes/. Acesso em: 17 mar. 2021.

garante a força mental para se expor com a autoconfiança de que o nosso trabalho é merecedor da atenção de todos. Temos de ter a segurança de que o que fazemos é bom o suficiente para as pessoas pagarem ou saírem de casa para ver.

Imagine um artista que sobe ao palco sem acreditar que a sua música é incrível ou que o público tem motivo para estar ali ou se dedica um ano para escrever um livro sem imaginar que as pessoas o lerão. A autoconfiança é crucial, fazer aquilo em que acredita e receber depoimentos do seu público, testemunhos de pessoas que se transformaram com seu trabalho é muito importante. Nunca se esqueça de coletar as opiniões dos consumidores ao longo do seu trabalho, isso gera mais entusiasmo, certeza e confiança na sua jornada.

É impossível falar de prospecção sem pensar nos grupos dos quais fazemos parte ou gostaríamos de fazer enquanto criativos. O físico norte-americano Chris Anderson, autor do livro *A cauda longa*,[47] obra amplamente estudada e discutida, logo no início da internet, observou uma divisão do mercado global atual, pautado por nichos específicos, pessoas com interesses pontuais. A economia e a cultura mundial nas quais estamos inseridos atualmente estão diretamente ligadas a grupos com interesses muito particulares. Segundo o autor, isso é resultado direto da comunicação virtual e do uso das tecnologias, pois pessoas que compartilham preferências formam grupos e consomem pautados nesses conjuntos de interesses semelhantes. É importantíssimo entender esse conceito, pois quebra as objeções que você possa ter sobre começar sua carreira, como morar em uma cidade onde ninguém apreciará seu trabalho, não existir público para seu trabalho, o seu estilo ser muito específico etc. *A cauda longa* prova que há público para tudo, por mais específico que seja.

---

47   ANDERSON, Chris. **A cauda longa**: a nova dinâmica de marketing e vendas: como lucrar com a fragmentação dos mercados. São Paulo: Elsevier, 2006.

ENTENDA A PARTE CHATA E LIDE COM ELA

Para se tornar, de fato, uma empresa, precisará lidar com a parte chata, como já sabe. Chamo assim porque acredito que boa parte dos criativos não se sentem estimulados ou confortáveis com números, contratos e toda a parte operacional e burocrática, por assim dizer. Mas qualquer criativo bem-sucedido com certeza precisou se dedicar também a entender e desenvolver essa parte da sua carreira. Ao perceber-se como empresa, provavelmente você assume o cargo de CEO e precisa se portar como tal, principalmente nos relacionamentos com outros, como um sócio, um investidor ou um *manager*.

É importante reforçar que é preciso ter cuidado para não se tornar inimigo do próprio negócio. Se não concordar com algo, tente buscar alternativas para melhoria, e não se revoltar e contrariar todo o sistema. Quando isso acontece e a contrariedade toma conta, a pressão aumenta, causando ansiedade, e você começa a terceirizar o fracasso, culpando os outros pelos seus problemas. Mas, se entende como tudo funciona, se aproxima daqueles que ajudarão a fazer as coisas acontecerem, a se adaptar às regras que já existiam antes de você, que, automaticamente, ganha mais.

Já tentou entender o que está por trás de uma casa de show ou uma banda que paga mal, como ouvimos muitos músicos afirmarem? Tudo depende se o evento é em um dia com mais ou menos movimento, por exemplo. Se o local lota e o evento dá certo, você ganha mais e torna-se um parceiro para aquele local, não mais um *freelance* reclamando por ganhar pouco. Lembra-se da importância de ser um solucionador? Nesse caso, se pergunte: "O que eu preciso fazer ao lado do dono da casa de show para que o evento lote?". Aqui é você pensando B2B – quando reflete quais soluções sua empresa oferece a esse parceiro de negócios. Na hora do show, a relação é entre você e seu público (ou seu consumidor) – o chamado B2C. Percebe a diferença e a importância de distinguir os dois conceitos? Para ajudar a solucionar, é preciso ser bom em resolver os problemas dos outros. Ao conseguir as respostas para o seu problema, pode tornar-se a banda fixa de um determinado dia, o dono da casa de show pode emprestar o local para gravar um videoclipe, por exemplo, que poderá servir de portfólio para sua banda se apresentar em outros lugares. Uma mão lava a outra!

O que os criativos realmente querem, porém, é criar, e não se preocupar com contratos, processos, planilha de excel e *backoffice*. Todo começo, no entanto, implica, obrigatoriamente, o envolvimento nessa que chamo carinhosamente de "parte chata do business". O artista solo, muitas vezes, é seu próprio *manager*: contrata colaboradores, negocia, organiza, faz registros, paga, recebe, faz a contabilidade etc.

Por mais chato que seja, até que você cresça e contrate alguém para isso, é necessário que saiba resolver sozinho. Essa é a engrenagem que fará seu trabalho artístico alcançar mais pessoas, possibilitará criar projetos mais audaciosos, maiores e com menos riscos. E com tudo organizado, parceiros e empresas maiores considerarão trabalhar com você.

Por isso, é fundamental entender da parte chata, inseri-la no seu dia a dia, valorizá-la e, além disso, influenciar as pessoas à sua volta a fazerem o mesmo. Caso você tenha ajuda, é importante definir um contrato desde o princípio, estabelecendo as funções individuais, quanto cada um ganhará etc. Tenha uma relação bem definida, preferencialmente com um contrato escrito que estipule direitos e deveres de cada uma das partes e o que fazer caso o projeto dê certo ou errado. Lembre-se de que, sendo um criativo, pode fazer tudo isso com criatividade.

A formação de uma banda, por exemplo, é como um casamento. No início, estão todos apaixonados, fazendo juras de "amor eterno". Esse é o momento de todos definirem suas funções e ajustarem suas cotas na empresa que está se formando. Uma banda é, sim, uma empresa e deve funcionar como tal, por isso, é ideal que cada um tenha sua função bem definida, principalmente no início, quando ainda não têm como investir em um produtor, um financeiro ou um agente. Assim, é necessária a redação de um documento que defina o responsável por receber os cachês e contabilizar lucros e perdas; pela agenda e marcação de shows; pelo registro da marca, nome e logotipo da banda; por cuidar dos direitos autorais; por marcar ensaios etc.

São inúmeras as funções que o músico precisa desenvolver no primeiro momento da constituição de sua banda. Lembrando que tudo que exemplifico com a música pode ser aplicado para qualquer criativo. Por isso insisto na necessidade da formação de uma sociedade limitada, um simples acordo ou registro de intenção de vontades, que pode evitar dores de cabeça futuras. E o momento mais propício é quando todos estão bem, animados com o começo do trabalho em conjunto. Ninguém vai querer assinar documento algum quando todos estão brigando! É claro que ninguém espera que as brigas aconteçam, mas precisamos nos prevenir dessas eventualidades.

O contrato resguarda as relações e não as deixa se deteriorar. É saudável e esperado que, cada vez mais, as pessoas passem a formalizar seus ofícios, e os criativos não são exceção. Quanto mais cedo adotar essa prática em suas relações profissionais, mais se familiarizará também com os contratos e seus termos, o que será cada vez mais necessário conforme cresce e até mesmo ajudará a falar com um advogado se for o caso.

O QUE NÃO PODE FALTAR EM UM CONTRATO SIMPLES:

1. Descrição das partes envolvidas;
2. Objetivos do contrato;
3. Território de validade;
4. Prazo e renovação (se é automática ou não);
5. Deveres e obrigações de cada parte;
6. Forma de pagamento, divisão de lucros e participação no patrimônio criado;
7. Responsabilidades e como resolver eventuais problemas.

Ainda em relação a essa parte jurídica, qualquer relacionamento, seja um empresário, uma parceria, um coautor ou coprodutor, um ilustrador ou qualquer outro com participação no seu negócio, precisa de um contrato que sele os direitos e deveres de cada um. Deixar para depois é sempre um risco. Por mais difícil que a conversa possa parecer, é sempre melhor definir tudo no começo em vez de esperar que ocorra uma crise ou deixar para o momento de dividir o dinheiro.

Quanto mais sua carreira evoluir, mais propostas aparecerão, sempre acompanhadas por contratos. Por isso, entender um pouco sobre o assunto é importante, mas nunca descarte a ajuda de um advogado. O mundo das artes tem especificidades incomuns, e é necessário que nós entendamos o que está escrito para podermos controlar nossa carreira.

No Angra, trabalhamos com gravadoras diferentes no Brasil, na América Latina, no Japão e duas ou três na Europa. Fui aprendendo com cada um dos acordos. Um contrato pode ser simples ou muito complexo, como o de uma gravadora com preços de produtos diferentes dependendo da plataforma ou região, descontos e gastos contabilizados, investimentos médios, turnês, videoclipes, roupas, ensaios etc. O ideal é que tudo seja muito detalhado para evitar problemas futuros.

Aprendi isso na marra, no erro. O nome Angra não foi registrado corretamente em nome dos músicos, e, quinze anos depois, já com a banda estabelecida no mercado, o empresário quis se apropriar. Foi uma briga e tanto! Assinamos alguns outros contratos mal redigidos ao longo do tempo, mas outros bons nos garantiram poder de negociação, adiantamentos financeiros etc. Por isso digo com propriedade que, para sua carreira andar, é preciso atentar-se para a atuação dessa parte administrativa da empresa, mesmo que seja composta só por você. Guarde tudo assinado, registrado e de forma organizada.

Lembre-se de que a proximidade com os contratos o fará enxergá-los com mais clareza e simplicidade, isso o ajudará a ler e definir propostas também com mais facilidade, o que viabiliza a negociação e conseguir o melhor negócio para sua empresa.

O CONHECIMENTO E A VISÃO MACRO DO MERCADO

É muito comum ouvirmos reclamações sobre o funcionamento do mercado, problemas, desigualdade, injustiças etc. Na música, por exemplo, é comum ouvirmos reclamações dos criativos sobre orgãos, sindicatos e organizações de modo geral por estas serem ineficientes, corruptas, não pagarem corretamente etc. Costumo dizer que é perda de tempo ficar reclamando de coisas que não podemos mudar e, como eu disse antes: você só consegue mudar a si mesmo com facilidade. Sabe o que isso quer dizer? Não adianta reclamar de uma estrutura cujo funcionamento não depende da sua ação ou vontade.

Lembra quando falei, lá no começo, que "o obstáculo é o caminho"? A questão não é defender ou atacar uma associação ou entidade. Na maioria das vezes, as reclamações vêm de pessoas que não sabem como funciona, por que existe, para que serve ou como são feitos esses recolhimentos. Assim, reclamar é um exercício fácil de terceirização do problema. Você mesmo não entende a questão, mas utiliza isso como mecanismo de defesa para se eximir de determinada adversidade que enfrenta. Tente entender melhor o sistema ao qual se reporta, busque identificar maneiras de otimizar o trabalho. É importante defender o seu espaço e os seus direitos, mas reclamar sem entender não pode ser o foco das suas ações.

Enxergar uma visão macro de quem é você enquanto artista, baseada em diversos aspectos, é essencial para vencer o tempo e alcançar longevidade e crescimento na carreira. Entender cada uma das etapas é crucial para não se perder em problemas, e conseguir criar soluções deve ser seu foco, assim como empreender e perseguir um sonho. Ao longo dos anos, presenciei muitos artistas construindo boas carreiras, focando justamente inovação e adaptação às mudanças, com uma visão clara de como tudo funciona e de onde pretendiam chegar; esses são os pontos fortes que deve buscar.

Uma definição para o termo empreendedorismo pode ser: "forma de pensar e agir voltada para oportunidades, com uma visão geral do processo, foco em liderança e geração de valor". O empreendedor nada mais é do que aquele que busca por oportunidades e fornece valor ao público. Todo criativo deve ser um empreendedor. O empreendedorismo artístico, entretanto, deve realmente mudar a vida das pessoas, trazer sentimentos e valores intangíveis que moldam cultura e sociedade.

Para construir uma carreira de sucesso, é preciso saber aproveitar as oportunidades certas. Isso parece familiar para você? O famoso autor de economia Louis Jacques Filion fala que empreendedor é aquele que imagina, desenvolve e realiza. Com certeza, você imagina o lançamento do seu álbum, da sua peça, do seu filme. Quando nós montamos o Angra, tínhamos uma visão do que queríamos, assim como eu tenho hoje com a minha carreira solo e como parte do Megadeth.

O que me diferencia de outros guitarristas? A minha capacidade de desenvolver e realizar a minha visão, o meu sonho. O mesmo vale para você. Quando falamos sobre empreendedorismo artístico, falamos em colocar em prática o que você imagina para a sua carreira por meio de ações planejadas e organizadas. Se considerarmos a cena independente, a realidade da maioria dos artistas, empreender se torna ainda mais importante. Você é o responsável pelo desenvolvimento da própria carreira, sem o apoio estrutural e financeiro de uma grande empresa, gravadora, canal de televisão etc. Quando a mentalidade empreendedora está ativa, exercitada constantemente, é mais fácil identificar oportunidades, planejar ações e desenvolver sua carreira.

Em um primeiro momento, o empreendedorismo pode parecer extremamente corporativo ou econômico, mas pensar como um empreendedor é extremamente positivo para artistas, que precisam encontrar oportunidades e tirar proveito delas. Por exemplo, a música está relacionada a uma experiência, hoje, entretanto, tudo mudou. Antigamente, e me incluo nesse passado, os amigos se reuniam para ouvir o álbum novo dos artistas preferidos. Abrir o plástico do vinil ou CD, tirar o encarte, colocar o álbum para tocar na agulha ou leitor de CD, enquanto se devoram as letras, os agradecimentos, as fotos, as simbologias e a semiótica das artes do encarte. Recentemente, a música passou a compartilhar essa magia com games, celulares, softwares e o mundo digital binário, que conta com música agregada, assim como com os filmes.

Outra grande alteração propiciada pelas mudanças tecnológicas é percebida, por exemplo, na representatividade e longevidade dos artistas, permitindo novas formas de parcerias. Ao contrário da carreira esportiva, por exemplo, que apresenta um prazo de validade, a criativa pode continuar se desenvolvendo de acordo com a vontade do artista. Você consegue imaginar Pelé, Zico, Ronaldo e Neymar jogando juntos? Impossível! Mas Tony Bennett, Oscar Niemeyer, Tom Jobim e muitos escritores e jornalistas seguiram e seguem em suas carreiras por longo tempo, criando e influenciando público e artistas das gerações seguintes enquanto ainda estão ativos, e isso é muito interessante. São ciclos em que ícones como Rolling Stones, U2 e Coldplay seguem tocando concomitantemente às pessoas que estão entrando no mercado. Se você ainda não se deu conta, seu ídolo pode estar anos à sua frente, mas, em algum momento, você pode vir a participar com ele de algum evento, show ou exposição lado a lado, de igual para igual. Isso não é impossível.

Com a internet e os meios digitais, é possível até mesmo que você seja maior que seu ídolo, devido à capilaridade e abrangência das redes sociais. O jovem cantor Tiago Iorc tem mais *likes* e representatividade na internet hoje do que Caetano e Chico, por exemplo. Estar perto de quem você admira, e até ultrapassá-lo em determinado nível, é possível atualmente. Quem está começando agora pode não apenas se inspirar, mas se conectar e até mesmo criar um projeto em parceria com seu ídolo.

As artes cada vez mais passam a convergir. O músico deve aprender a filmar, criar uma página na web e editar uma foto, e um *filmmaker* precisa saber escolher a trilha sonora para o vídeo e desenvolver uma identidade para as redes sociais. Pensar como um empreendedor; estar atento a essa tendência de convergência da arte e aos avanços tecnológicos e seu impacto nas diversas áreas criativas; conciliar isso com uma atividade administrativa, burocrática e organizacional para atingir um público cada vez maior: isso tudo é pensar como uma empresa e enxergar as oportunidades dentro do mercado. Mais do que nunca, as mudanças estão ocorrendo em alta velocidade e, para estar no jogo e alcançar a relevância que deseja, precisa enxergar essa visão macro.

ESTEJA SEMPRE ATENTO ÀS MUDANÇAS E DISPOSTO A SE ADAPTAR. APRENDER NOVAS HABILIDADES E ATÉ RECOMEÇAR SE NECESSÁRIO. ASSIM. ENXERGARÁ OPORTUNIDADES EM TUDO.

A PROSPECÇÃO. PARA OS CRIATIVOS. DEVE SER CONTÍNUA. NÃO APENAS EM HORÁRIO COMERCIAL.

CAPÍTULO 8

FAÇA PARTE DO SEU ECOSSISTEMA

Com toda certeza, você já ouviu a máxima "diga-me com quem andas e eu te direi quem és" ou a teoria de que você é a média das cinco pessoas com quem mais convive. Em ambos os casos, a mensagem é basicamente a mesma: selecione as pessoas e o meio do qual faz parte. Por que estou falando isso? Porque todo criativo precisa ser atuante em seu ecossistema, participar de eventos, grupos de discussão sobre seu nicho, mostrar para essas pessoas que você existe e quer fazer parte e contribuir.

Hoje, com o acesso ao mundo digital, você não precisa ser grande para adentrar uma comunidade ou até mesmo criar a sua se necessário. Se você é fã de um autor, identifique, nas redes sociais, outros fãs dele. Crie um grupo nas mídias sociais para realizar uma leitura coletiva sobre um tema correlato, por exemplo, isso permitirá um envolvimento com pessoas que têm o mesmo gosto que você, logo, ao lançar um livro com essa pegada, poderá promovê-lo nesse grupo. É uma forma incrível de se fazer notar pelo ecossistema literário.

Quanto mais envolvido estiver com sua área, melhor. Interaja em grupos virtuais e presenciais e avalie conteúdos de forma sincera e respeitosa, tudo isso o ajudará a se posicionar e se divulgar no meio do qual pretende fazer parte. Quem não é visto não é lembrado! Essa tática de unir o público por meio de um interesse comum sempre funcionou. A banda Kiss, formada em 1973, deu início ao Kiss Army, o seu fã-clube com uma comunidade própria, em 1975, e sempre concentrou-se em nutri-la. Atualmente, existem feiras e eventos denominados Kiss Convention, planejados para os fãs se encontrarem. Um exemplo é o cruzeiro do Kiss para promover uma experiência personalizada e, cada vez que você retorna, sobe de categoria no *membership* desenvolvido por eles, uma esteira de produtos com descontos e experiências exclusivas para cada uma das nove categorias de fãs.

Há diversas formas de engajar o público e interagir com a comunidade. Quem participa da minha mentoria, por exemplo, pode se encontrar comigo em qualquer cidade em que eu estiver, em um *backstage* de um show. Ainda é possível manter esses encontros de grupos fechados por meio de videoconferências. Ações como essa ajudam a motivar a comunidade.

Para ser bem-sucedido na contemporaneidade, dentre tantas possibilidades, um criativo deve saber enaltecer suas forças e corrigir e adaptar suas fraquezas, mas precisa também entender o ecossistema. Deve-se analisar os outros participantes do mercado, entender o que funciona e gera resultados e o que permite oferecer algo de maior valor, diferenciado e exclusivo, que é onde a estratégia deve reinar. Para um bom posicionamento, não necessariamente precisa inventar algo completamente inovador, mas tornar-se a referência número um, *top of mind* para profissionais, parceiros e contratantes. Lembra-se dos conceitos de paridade e diferenciação?

Ser guitarrista não basta. Ser guitarrista especializado e expert em demonstrar guitarras *vintage* e raras – estamos chegando lá! É preciso ser único, mas não necessariamente "fora da caixa", pode ser único na entrega, no profissionalismo, na organização. Precisa de um produto útil e vendável, com uma comunicação clara do que faz e para o que serve, garantindo o interesse do público no seu trabalho.

Para fazer parte e sobreviver no ecossistema escolhido, precisa de uma grande ideia, uma promessa, uma especificidade única. Por qual razão alguém o contrataria ou compraria seu trabalho artístico?

Reflita e certifique-se de que tem uma resposta para essa pergunta. Se não souber como respondê-la, volte ao começo, reescreva sua estratégia e repense seus produtos.

CANALIZE SUA ENERGIA PARA O QUE REALMENTE IMPORTA

Lembra-se de ouvir falar, na escola, a respeito dos mecenas das artes? Eram os financiadores da produção artística de determinada época. Hoje, há uma série de leis de incentivos fiscais que funcionam da mesma forma, no Brasil e no mundo. Quem sabe, ainda, você tenha a sorte de ter um parente que queira financiar seu trabalho, ou uma herança, ou juntou dinheiro fazendo outro trabalho, ou, melhor ainda, encontrou um investidor parceiro. Todas essas possibilidades são fantásticas, mas não estão sob seu controle, são ações externas, que não dependem de você.

O ideal, fora todas essas possibilidades, é que você crie a própria sorte a partir de um modelo de negócio e produtos que se autofinanciem. Você é o próprio mecenas. Não espere por algo de que não tem controle. Claro que nada impede que, enquanto exerça seu trabalho artístico, prospecte leis de incentivo à cultura, apoiadores, investidores ou mesmo peça dinheiro emprestado. Mas o foco, desde o começo, deve ser poder se sustentar com o próprio trabalho para não se tornar escravo dele, gastando mais do que arrecada. Sua profissão precisa gerar os meios necessários para comprar o material que ela consome, seja uma guitarra, cordas, gasolina para ir ao show, tela e tintas, cadernos e canetas, livros, softwares, roupas etc.

Ao conseguir sustentar a atividade artística, o próximo passo é você se sustentar com ela, cobrir os custos, se bancar e ainda guardar uma parcela disso que permita continuar investindo em você, seja com uma viagem de negócios, um novo álbum em estúdio, uma câmera e lente nova para seus vídeos do YouTube ou o que for. Nesse processo, é fundamental não aumentar o seu custo de vida só porque começou a receber os lucros.

Mantenha-se na mesma, economize, plante e colha segurança. Garantindo os custos da produção, seu custo de vida e um caixa para o próximo trabalho, economize, afinal, a última coisa que você quer é insegurança financeira nessa nova etapa da vida.

No meu caso, sempre toquei um estilo de música nem um pouco popular e bastante sazonal, mas nunca desisti da carreira artística ou me dediquei a um estilo de que não gostava. Isso só foi possível porque mantive ordem e organização até conseguir dar saltos maiores no meu estilo de vida, comprar uma casa, mudar para outro país etc. Hoje, tenho três filhos e precisei me preparar para isso também. Portanto, não seja escravo da sua arte, ela deve se autossustentar; tenha gastos dentro do que seu rendimento permite e mantenha-se assim, independentemente do sucesso, até ter como reinvestir em próximos projetos e ter economizado o suficiente para garantir, ao menos, um ano sem trabalhar.

Se me perguntar qual é a meta ideal, eu diria o *open doors*, que é uma vida confortável, melhor do que a que você leva hoje, é um bom parâmetro. Uma que garanta um investimento desse rendimento que possa financiá-lo até seus 100 anos. Não perca seu tempo ou canalize suas energias com o que não lhe trará resultados ou com o que não consegue planejar.

TRANSFORME IDEIAS EM AÇÕES

Como saber se você precisa sair da zona de conforto? Parece uma pergunta desnecessária, mas não se engane. A zona de conforto não é, necessariamente, uma situação "confortável", é uma situação conhecida. A tendência natural do cérebro em permanecer na sua área de segurança é algo que fazia total sentido quando o ser humano precisava se proteger dos predadores, no entanto, esse traço evolutivo que garantiu nossa sobrevivência, hoje, dificulta o nosso desenvolvimento na vida moderna, como veremos a seguir.

O cérebro humano é um dos maiores segredos para a ciência, mas já sabemos duas coisas importantes a seu respeito:

FAÇA PARTE DO SEU ECOSSISTEMA 213

1. Ele é altamente sofisticado para garantir a sobrevivência e adaptação;
2. Ele tende sempre a repetir padrões já conhecidos.

Muita gente diz que está treinando quando pratica exercícios ou ensaia antes de um show. O que poucos percebem é que o tempo todo estamos também treinando nosso cérebro. Se você deseja se aprofundar nisso, recomendo a leitura de *O poder do hábito*, de Charles Duhigg.[48] Segundo estudos apresentados no livro, um novo hábito demora de vinte e um a setenta dias para ser implantado. Isso significa que, para dormir cedo, tomar banho frio ou emagrecer, o começo será sempre a fase mais difícil.

Entre outras coisas, especialmente duas tem a capacidade de mobilizar as pessoas a agir de determinada maneira: o desejo e o medo. Este último é ainda mais forte. É por medo que, em vez de se dedicar à arte, você continua fazendo algo que não causa realização, mas garante sua sobrevivência; é por medo que você se conforma com tudo e não tem capacidade de reagir. Daí, a sua zona de conforto.

Em um mundo conectado e aberto para todas as representações artísticas, está na hora de você deixar esse medo de lado e transformar suas ideias em ações, em produtos. O primeiro passo é esclarecer e organizar todas as ideias. O planejamento precisa ser detalhado para que se alcance uma visão macro da situação, como vimos.

Para fazer isso, sua principal bússola deve ser você, não o outro. Não apenas para tomar decisões conscientes, mas, principalmente, para não se cobrar demais ou desanimar ao ponto de abandonar seus sonhos. Um erro que muitos artistas cometem é olhar para o palco do outro, no entanto, quando enxergamos o sucesso de alguém, nem sempre percebemos tudo o ele precisou enfrentar até chegar onde está.

Em suma, tudo o que busquei apresentar até aqui buscava transformar ideias em ações concretas de geração de resultados. Mostro, aqui, um

---

48   DUHIGG, Charles. **O poder do hábito**. Rio de Janeiro: Objetiva, 2012.

resumo visual dos passos a serem seguidos. De tempos em tempos volte aqui e analise em que fase você está:

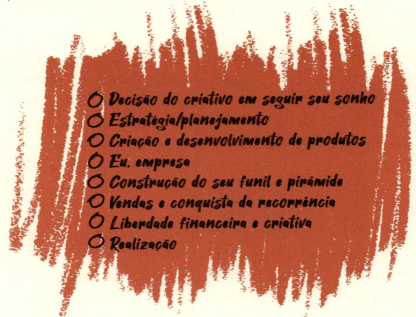

- ⭕ Decisão do criativo em seguir seu sonho
- ⭕ Estratégia/planejamento
- ⭕ Criação e desenvolvimento de produtos
- ⭕ Eu, empresa
- ⭕ Construção do seu funil e pirâmide
- ⭕ Vendas e conquista da recorrência
- ⭕ Liberdade financeira e criativa
- ⭕ Realização

A REALIZAÇÃO DE QUEM FAZ

Desde o começo desta obra, venho contando um pouco da minha trajetória como guitarrista e mostrando que o trabalho criativo, fazer aquilo que ama e produzir arte, pode dar o retorno que você espera. Por que usei minha carreira como exemplo? Primeiro, por ser mais fácil exemplificar a partir das minhas experiências e, segundo, porque todo o caminho que percorri para chegar onde estou pode também ser feito por qualquer pessoa. Desde que comecei a tocar guitarra, aos 11 anos, até chegar onde estou, há cinco anos como guitarrista do Megadeth, percorri um caminho longo e bastante demorado.

Comecei tocando violão, na sequência guitarra e, já naquela época, determinei o objetivo de ser um bom guitarrista. Esse foco me fez estudar todos os dias, com rigor e disciplina, e desenvolver minhas habilidades. Percebe como esse foi um processo contínuo, uma progressão? Desde aquele momento em que tudo começou, em 1983, até hoje, foram trinta e sete anos de

FAÇA PARTE DO SEU ECOSSISTEMA **215**

trabalho e aperfeiçoamento constante. Você conseguiu identificar o que eu tenho desde o princípio? Eu respondo: ***uma direção***! Apesar de dúvidas e muitos questionamentos ao longo do caminho, cada vez mais o meu objetivo de vida se tornou mais claro.

Nem sempre o melhor caminho é jogar tudo para o alto e seguir sem olhar para trás. Mas, a cada dia, a cada simples decisão, você pode escolher se aproximar um pouquinho do seu sonho ou apenas reduzir o esforço necessário para mudar. Você realmente faz o melhor que pode, no lugar onde está e com aquilo que tem?

No jogo da vida, só perde quem desiste. O filme *The Founder*, que, no Brasil, foi traduzido para *Fome de poder,* retrata a ascensão do McDonald's e mostra um dos maiores empresários do século XX, que, com mais de 50 anos, se sentia um completo fracassado. Será preciso esperar tanto assim para uma grande mudança? Na verdade, não. Um conselho que nos faz refletir é o "erre rápido".

Diferente do passado, o mundo digital abriu possibilidades para todos os estilos e todas as idades. Não há regra, não há caminhos preestabelecidos como já existiu. É importante se planejar, mas só na prática reconhecerá falhas no seu processo e poderá corrigi-las. Por isso, invista em derrotas. Saia da zona de conforto e tente algo novo. O que você pode aprender com as pessoas ao seu redor? De nada adiantam as ideias brilhantes e soluções incríveis se não forem executadas. Encontre novas perspectivas.

As pessoas que mais o ajudarão a chegar no próximo nível são as que exigem mais. É preciso ser competente, aproximar-se daqueles que já conquistaram o que você almeja e têm a experiência necessária para ajudar a enxergar as etapas com mais clareza. Converse, troque experiências, busque um mentor. Há uma frase de Isaac Newton que resume essa ideia: "Se eu vi mais longe, foi por estar sobre ombros de gigantes".

Além dessa influência externa, é preciso um bom equilíbrio interno que permita buscar seus objetivos. Você já ouviu falar do conceito de *Master Mind*? Elaborado nos Estados Unidos durante sua independência, surgiu em oposição à ideia europeia de que somente nobres poderiam ser bem-sucedidos, afirmando que qualquer um com a mente em harmonia pode atingir seu objetivo. O escritor norte-americano Napoleon Hill (1883-1970), um dos grandes disseminadores do conceito, em sua obra *A lei do triunfo*,[49] publicada pela primeira vez em 1928, analisou homens de sucesso para entender como suas carreiras se desenvolveram e concluiu que a sua maneira de pensar e enxergar o mundo é o que fará a diferença.

Com um objetivo claro, uma mentalidade organizada e bons mentores, percorri uma longa e bem-sucedida trajetória na música. Entre 1992 e 2015, eu ocupei uma das guitarras do Angra até que, em abril de 2015, fui convidado a integrar o Megadeth. Ao longo de toda a carreira, acredito que construímos inúmeras "maiores realizações": a primeira demo, o primeiro show, a primeira turnê na Europa, o primeiro álbum, a primeira aparição na televisão, o primeiro prêmio, e assim por diante. Para mim, uma delas foi, sem dúvida, estar em outro país, participando de uma banda renomada e lendária, ao lado de uma figura icônica para os fãs de heavy metal, uma banda que eu admirava, frequentava os shows e tinha como referência.

O Megadeth foi formado em 1983, por Dave Mustaine, logo após a sua saída do Metallica. A formação atual da banda é Dave, David Ellefson, eu e o baterista Dirk Verbeuren, que segue com uma trajetória praticamente ininterrupta de mais de três décadas. Desde a minha entrada, pude participar da gravação do álbum *Dystopia*, lançado em 2016, no qual colaborei com a composição de três músicas, e da sua turnê. Ganhamos o Grammy de 2017 como melhor performance de heavy metal. Tocamos em alguns festivais, mas o mais emblemático, para mim, foi o Festival d'été de Québec, no Canadá, meu primeiro show com eles.

Sabe qual é a melhor parte disso tudo? A sensação de realização que só é sentida por aqueles que se arriscam, que se entregam de corpo e alma a sua essência mais profunda. Eu nunca me imaginei fazendo qualquer outra coisa na vida, porque não existe espaço para nada mais em minha mente.

---

49   HILL, Napoleon. **A lei do triunfo**: 16 lições práticas para o sucesso. Rio de Janeiro: José Olympio, 2014.

VIVA O SEU SONHO – O PALCO É SEU

Bom, chegamos ao fim do livro, e eu realmente espero que você esteja pensando sobre tudo o que falei. Se você se identificou, se minhas dicas e exemplos fizeram sentido, torço, de verdade, para que você dê logo o próximo passo e redirecione sua vida para a realização do que sempre sonhou. Antes de concluir este projeto, gostaria de deixar minhas últimas considerações e reflexões para lembrá-lo de que o palco pode ser seu e que seu sonho pode se tornar real, assim como aconteceu comigo. Mas, para se tornar uma pessoa realizada, precisa encontrar harmonia nos diversos aspectos da sua vida:

1. TRABALHO

No momento histórico em que vivemos, você não pode pensar em algo que não seja fazer, todos os dias, aquilo de que gosta e ter isso como profissão. Se você gosta de andar de skate, seja um profissional e dispute pelo reconhecimento. Se gosta de filosofia, escreva um livro, palestre, ensine. Se gosta de música, estude a indústria musical, descubra os inúmeros caminhos possíveis para trabalhar com ela.

Quando eu comecei, dava aulas, tocava em bares e, de repente, estava acompanhando um artista e criei minha carreira em cima disso. Depois, com o Angra, toquei em lugares melhores, ganhando cachês melhores, recebendo pelos direitos autorais. Tudo leva um certo tempo para acontecer, mas, com certeza, hoje eu me sinto realizado, porque todos os dias eu acordo e faço o que amo!

2. RELACIONAMENTOS

Para se sentir feliz e completo, é importante cultivar os relacionamentos, seja com a família, os parceiros, os filhos ou os amigos. Qualquer pessoa se beneficia de relacionamentos saudáveis, duradouros e tranquilos. Eu vivo distante de muita gente, cada dia em um lugar diferente, morando fora do Brasil, por isso, valorizo ainda mais esse contato com as pessoas nas ocasiões em que podemos nos encontrar pessoalmente ou até mesmo pela internet.

3. SAÚDE

Já assistiu àqueles filmes em que os heróis viajam pelo Universo a bordo de suas naves repletas de mecanismos responsáveis pelo funcionamento perfeito? Pois, com você, é a mesma coisa! Cuide bem do seu organismo para sempre conseguir fazer o que quiser. Comer direito, fazer exercício físico e cuidar também da sua saúde mental, suas emoções, a qualidade dos seus pensamentos etc.

4. COMUNIDADE

Pode pensar no seu prédio, seu bairro, sua cidade ou seu país. Produzo conteúdo em português pela vontade de me conectar com o público brasileiro. Quero dividir os conhecimentos que adquiri na minha carreira com artistas e outros profissionais que realmente queiram fazer todos os dias aquilo que amam. Hoje, moro fora do país, mas não cortei vínculos por conta da minha localidade. Minha comunidade é majoritariamente brasileira, por isso, a internet é o principal meio de contato mesmo. Além dessa, tenho também uma comunidade musical, com meus colegas de profissão. Fico muito feliz em receber feedback dos alunos do curso Music Business, por exemplo, com histórias de resultados fantásticos e até de pequenas mudanças na maneira que enxergam sua carreira, que também já valem muito. Esse contato com a comunidade é importantíssimo para manter a sensação de pertencimento.

5. DINHEIRO

O dinheiro é necessário para podermos nos dedicar aos relacionamentos, à carreira, à aquisição de conhecimentos, mas ele nunca deve estar em primeiro lugar, não pode ser tratado como fim, trata-se apenas de um meio. O foco principal deve ser seu propósito, desenvolver o seu conceito e batalhar pelo que acredita.

6. ESPIRITUALIDADE

Não apenas no sentido religioso, mas a introspecção, com certeza, é também um aspecto importantíssimo para nos sentirmos completos, felizes e realizados. Dedique um tempo para isso. Se pretende deixar sua marca no mundo, precisa acreditar em você, porque, se você não acreditar, quem irá? É interessante observar a mentalidade de pessoas vencedoras, porque elas realmente acreditam no que fazem e, assim, deixam um legado longevo, quem sabe eterno, realmente tocando o seu nicho, transformando as pessoas. *Timely and timeless*, atual e atemporal.

Tom Jobim, em 1994, ano em que morreu, lançou o disco *Antônio Brasileiro*, composto por músicas antigas e algumas composições novas. Em seus shows, sempre tocava "Wave", "Corcovado", "Garota de Ipanema", "Samba de uma nota só", "Desafinado" e, diante da crítica por repetir sempre aquelas músicas relativamente antigas, respondeu que elas ainda eram crianças. Ele já sabia que essas músicas ficariam para sempre e as comparava a outras que também ficarão por séculos e séculos, obras de 1700, como a "Suíte Cello", de Bach, ou as composições de Beethoven, Chopin, e as mais recentes, de Miles Davis, na década de 1950, ou dos Beatles, da década de 1960.

Dave Mustaine, vocalista do Megadeth, pensa da mesma forma. As músicas que compõe são atuais, e ele também imagina que serão atem-porais, que alguém as ouvirá daqui duzentos ou trezentos anos. É muito legal manter esse pensamento de vencedor, de líder, acreditar no que você faz e que aquilo pode funcionar para sempre, porque você é excelente.

Provavelmente, esses compositores também já fizeram coisas de que não gostaram tanto, mas têm um controle de qualidade, um senso crítico, que avalia e seleciona as composições antes de divulgá-las. Podem até ter lançado essas músicas eventualmente, mas a carreira é contínua, formada por tentativas, erros e acertos, picos e vales.

Após esta leitura e o entendimento desses seis pontos base para o seu desenvolvimento, espero que já tenha percebido que sucesso é relativo e cada um pode enxergar de uma forma diferente: obter a tão desejada liberdade artística, a liberdade financeira, conquistas materiais e reconhecimento, tocar em estádios lotados, ganhar o *The Voice*, ter tempo para curtir a família e os amigos, aprender e evoluir constantemente... O que é sucesso para você? Seja o que for, acredito que é alcançável, desde que se dedique com afinco aos estudos, às práticas, ao desenvolvimento de estratégias, à utilização de ferramentas e à inspiração nos hábitos dos que chegaram lá.

Lembre-se de que o sucesso não é resultado de talento. Na verdade, o aprendizado é o segredo. Conto com muitos anos de carreira e muitas conquistas que sequer imaginei quando era novinho, pragmático e pouco sonhador. Hoje, aprendi a ser, porque descobri o quanto é fundamental sonhar. A partir disso, é preciso planejar, colocar em prática e buscar o sonho sem medo. Com o passar do tempo, descobri que não é tão complicado assim e posso ter sonhos cada vez maiores, pois é possível, sim, agarrá-los. Descobri também a felicidade que existe em dividir conhecimento e produzir cada vez mais e melhor, sempre com ética e um propósito bem definido.

Com esta obra, espero poder ajudar a transformar vidas por meio do princípio de uma espiral de excelência que podemos implementar e estimular nos criadores brasileiros. Eu quis ir além do Brasil com minha guitarra. Agora, quero ir além da música e do meu estilo. Pretendo agregar e ajudar o meio artístico como um todo. Retribuir. Dar e receber como caminho da felicidade. Sinto uma gratidão enorme por todos aqueles que acreditam que eu possa orientar, educar, motivar, enriquecer, transformar, impactar e inspirar. Olhando para trás, percebo que a gravação da minha primeira videoaula foi uma responsabilidade e tanto, eu tinha 19 anos e não fazia ideia de tudo o que se originaria dali. Tantos anos depois, ouço diversas vezes que esse pequeno material didático foi o ponto de partida para inúmeros músicos.

Já toquei em tudo quanto é lugar, dei muitas aulas, realizei workshops, e sei que muita gente aprendeu a tocar guitarra me ouvindo. Mas, agora, é diferente. Quero ajudar a mudar a mentalidade das pessoas, trazendo à tona o assunto de música, profissionalização, empreendedorismo e negócios para ver cada vez mais pessoas falando sobre isso, criando outros eventos, inclusive nas escolas. Isso tudo é a concretização de um sonho, ainda que eu saiba que irá continuar e se multiplicar. Existe sempre um "mais um pouco" para todos nós.

A VIDA É CURTA DEMAIS PARA SER PEQUENA.

Benjamin Disraeli

BÔNUS

Caro leitor, foi um prazer estar com você durante a nossa jornada. Espero que tenha gostado do conteúdo e, caso queira adquirir os meus cursos com desconto, acesse o QR Code abaixo apontando a câmera do seu *smartphone* ou acesse o site: https://kikoloureiro.com/cursos.

ESTE LIVRO FOI IMPRESSO
PELA EDIÇÕES LOYOLA EM
PAPEL PÓLEN BOLD 70G
EM JUNHO DE 2021.